U0653556

上海交通大学档案馆藏
名人手札精选

上海交通大学档案文博管理中心 编

内容提要

国以史为鉴，校以史明迹。上海交通大学经过百年蕴积，积淀了丰富的档案资源。该书从浩瀚馆藏之中撷取社会各界知名人士亲笔手札的真迹精华100通，内容主要涉及办学办校、经费募集、人员聘用、学生事务、教育发展等事宜，妙文雅信中呈现出交大前贤大师们办学治校的理念与智慧。此书出版之意在于缅怀前辈先贤，赓续大学文脉，传播大学精神，让更多热心的有识之士进一步了解百年交大厚重的历史文化。

图书在版编目（CIP）数据

上海交通大学档案馆藏名人手札精选 / 上海交通大学档案文博管理中心编 .—上海：上海交通大学出版社，2021

ISBN 978-7-313-23836-8

Ⅰ. ①上… Ⅱ. ①上… Ⅲ. ①名人—书信集—中国 Ⅳ. ① K820

中国版本图书馆 CIP 数据核字（2020）第 185981 号

上海交通大学档案馆藏名人手札精选

SHANGHAI JIAOTONG DAXUE DANGANGUANCANG
MIGNREN SHOUZHA JINGXUAN

编　　者：上海交通大学档案文博管理中心

出版发行：上海交通大学出版社　　地　　址：上海市番禺路951号

邮政编码：200030　　电　　话：021-52717969

印　　制：上海盛通时代印刷有限公司　　经　　销：全国新华书店

开　　本：889mm×1194mm　1/16　　印　　张：16.5

字　　数：176千字

版　　次：2021年3月第1版　　印　　次：2021年3月第1次印刷

书　　号：ISBN 978-7-313-23836-8

定　　价：168.00元

《上海交通大学档案馆藏名人手札精选》编委会

编写说明

一、本书收录的一百通名人手札为上海交通大学档案馆（党史校史研究室）（现更名为上海交通大学档案文博管理中心）珍藏名人手札的精选。遴选自一八九六年建校以来有着重要学术贡献或社会影响的近现代名人，每人撷取一通手札。

二、本书编排按手札书写的先后顺序排列。选录的手札始于一八九九年，迄于一九八五年，时间跨度为八十六年；其中九十通名人手札首次向社会公开。

三、每通手札拟加一个标题，书信者致收信者函，并注明发函者作函时间。作函日期用（）分开原文与考文，（）内为考订的年份。个别手札年份无法考订，注明大致年代信息，清代年号及农历时间换算为公元纪年及公历时间。

四、每通手札包含原件、录文、手札者小传及照片。少数手札附有信封。手札原件及其信封作高清扫描，以图片形式展示。

五、为便于阅读且保持手札原貌，其录文除繁简转化外，一般原文照录。此外，还作了分段分句，加上标点符号。

六、凡原文中的明显错字，与之对应的录文在该字旁添加（），（）内为更正后内容；手札中残缺破损，无法查明字迹，或字迹模糊难以辨认者，用符号□标明。

前　言

国以史为鉴，校以史明迹。高校档案承载着高等学府最珍贵的历史记忆，像一面镜子，映照着历史变迁，折射出文化传承。同时，它也是一种文化软实力，随着时光的流逝不断累积，随着研究的深入与传播的流广而益加发扬光大。

“国势之强由于人，人材之成出于学”。巍巍交大，百廿其衍。上海交通大学在 125 年历史长河中积淀了丰富的档案资源，一页页泛黄的档案文献记载了交通大学乃至中国高等教育的发展轨迹，体现了交大“起点高、基础厚、要求严、重实践、求创新”的独特办学传统，成为传承“饮水思源、爱国荣校”校训精神的重要纽带，也是彰显历代交大人精神风采的最好载体，可谓弥足珍贵。

近年来，上海交通大学档案馆（党史校史研究室）（现更名为上海交通大学档案文博管理中心）始终秉承“构建历史记忆，传承大学文脉”的核心使命，担负着传承和创新高校文化育人的重任，突出价值引领，坚持育人导向，提升新一代交大学子的人格品行。经过百年蕴积，特别是近数十年的大力征集、保存与整理，目前档案文博管理中心保存的名人档案已达 2 140 卷，囊括手迹、书稿、论述、奖状及相关捐赠实物。此次，我们从浩瀚馆藏之中撷采社会各界知名人士亲笔手札的真迹精华 100 通，作为首辑予以先行编印出版，真正实现“档案贵在活，为人所用”的思想原则。

此次收录手札的时间跨度从清末、民国到当代，尤以民国年间居多。内容主要涉及社会时贤与学校就办学办校、经费募集、人员聘用、学生事务、教育发展等事宜，如为学校推荐师资、应邀演讲、争取经费、采购设备、筹备校庆等校务建言献策，共谋发展。手札作者中既有卓越超群的政治家、成就斐然的实业家，也不乏在科学技术、人文社科领域做出突出贡献的名师大家。既有与交大校务往来、学术交流的社会名流，也有曾在交大学习、执教、任职的交大学人群体。每一位交大学人就是一部生动的学术奋斗史、一部丰富的历史回忆录，每一通手札也标注了他们的道德品行、学术造诣和社交能力，栩栩如生地讲述着那个时代的老故事、新鲜事，不仅有“存史”之意，更有“资政”“育人”之效。

品读这些妙文雅信，每件信札或汪洋闳肆，或简远平和，或圆转流畅，或率真朴拙，铁画银钩、龙飞凤舞的字迹勾勒出那个时代人物的风骨和气质，也呈现出交大前贤大师们办学治校的理念与智慧。我辈虽无缘亲睹其风采，但从这些亲笔手札中，仍可感受他们的卓然风骨。他们以超群的人格魅力、深厚的学术底蕴和广泛的社会影响力，书写着人生历程和感悟，至今仍绽放着熠熠光彩，激励着交大莘莘学子奋发努力、自强不息的人生征途。

“大学之道，在明明德”。在对校史档案和校友人物的发掘研究当中，上海交大档案校史工作者深切体会到加强名人档案研究的历史价值与现实意义。缅怀前辈先贤，赓续大学文脉，传播大学精神正是出版此书主要意义之所在。

“以交通之名立浩然天地、以创新之魂为兴国之本”，希望通过此书的出版发行，使更多热心的有识之士进一步了解百廿年交大厚重的历史文化，关心支持交大的文化建设与发展事业，助力上海交通大学早日实现建成中国特色世界一流大学的宏伟目标！

目 录

一　何嗣焜致福开森、吴稚晖、陈懋治函（一八九九年十月一日）

【录　文】

本公学开办以来，师范班及各班学生有拟议欲行之事，凡非学规章程所载者，向系回明总教习或转告总理酌定，或由总教习与监院商妥，面请总理核办。现在总教习无人，嗣后师范班及各生有议行非学规章程所载之事，务须由师范领班先行回明监院，听候酌商，转请总理核准，再行举办为妥。

己亥八月廿七日嗣焜手告

右致福监院　吴、陈领班

【作者简介】

何嗣焜
（1843—1901）

何嗣焜，字梅生，江苏武进人，教育家。清廷三品衔，候补知府，曾任淮军干将张树声幕府。1896 年盛宣怀筹办南洋公学，聘其为首任总理（即校长）。何聘请中外名师，招收学生，首创师范院，订章立制，筹划兴建中院、上院等校舍，选派学生出国留学，经其苦心经营，南洋公学初具规模。1901 年 3 月 1 日，何因过度劳累猝然逝世。著有《存悔斋文稿》。

本公學開辦以來師範班及各班學生有擬議欲行之事凡非學規章程所載者向係回明　總教習或轉告總理酌定或由　總教習與

監院商妥面請總理核辦現在

總教習無人酌派師範班及各生有議行（由師範領班）非學規章程所載之事務須先行回明

監院聽候酌商轉請總理核准再行舉辦爲要

己亥八月廿七日酌擬手告

右致　福監院　吳陳領班

二　吴治俭致汪凤藻函（一九〇二年六月二十六日）

【录　文】

总办大人钧座：

敬禀者：昨为恳请补额资遣游学事，上书提调，恭求代达，谂已仰邀勋鉴矣。顷荷提调面谕，忻悉补额一节，已蒙督办俞（谕）允，准将自美返国之胡生鹏运学费移资治俭。仰聆之下，感激莫名。窃念公学将近暑假，而暑假期内，治俭正可就道。庶抵美以后，即得迳入美国学堂肄业，无耗时废日之弊。惟拨给经费，理合禀求总办大人备文咨请督办大人批示。因是肃函上渎，伏祈即日咨请督办迅赐批饬，俾治俭得早日就学，幸甚幸甚。仰荷培植之恩，谨当衔环结草以报，必不敢自外生成也。专肃。敬请崇安，伏求

钧鉴

治俭　谨禀

【作者简介】

吴治俭

（1875—1955）

吴治俭，又名吴健，字任之，上海人，实业家。毕业于上海圣约翰大学。1899 年被聘为南洋公学英文教习，1902 年由公学资派英国留学，1908 年获英国谢菲尔德大学冶金学硕士，回国后曾任汉阳铁厂厂长、总工程师等职。1928 年至 1929 年任工商部工业司司长。1931 年至 1932 年任实业部汉口商品检验局局长。

總辦大人備文咨請
督辦大人批示因是肅函上瀆伏祈即日咨請
督辦迅賜批飭俾治儉得早日就學幸甚幸
甚仰荷
培植之恩謹當銜環結草以報必不敢自外
生成也專肅敬請
崇安伏求
鈞鑒治儉謹稟

總辦大人鈞座敬稟者昨為懇請補額資遣游
學事上書提調恭求代達稔已仰邀
勛鑒矣頃荷提調面諭忻悉補額一節已蒙
督辦俞允準將自美返國之胡生鵬運學貴移
資 治儉仰聆之下感激莫名竊念公學將近暑
假而暑假期內 治儉正可就道庶抵美以後即
得逕入美國學堂肄業無耗時廢日之弊惟
撥給經費理合稟求

三 张美翊复两江学务处电（一九〇四年十一月十日）

【录 文】

南京两江学务处复电　十月初四日

南京两江学务处鉴：

江电感悉。端帅致宫保电，先已照复，饬知遵即选派。公学自蒙端帅莅堂奖励，异常奋勉，诸生环请添派四五人应考，去取自凭科学，不敢擅拟。乞回明速复，俾初六起程。

南洋公学张美翊　支

【作者简介】

张美翊

（1856—1924）

张美翊，字让三，号蹇叟，浙江鄞县人，教育家。早年随薛福成出使英、法、意、比四国。1903年夏至1903年底，1904年夏至1905年春，两任南洋公学提调兼总办。期间，延聘中外名师，注重实学教育。晚年任宁波旅沪同乡会会长，编有《大清钱谱》《奉化县志》等。

195

南京兩江學務處復電 十月初四日

南京兩江學務處鑒 江電感悉端帥致宮保電先已照
復飭知遵即選派公學自蒙端帥蒞堂獎勵并常奮勉
諸生環請添派四五人應考者亦取自憑科學不敢擅擬
乞回明速復俾初六起程南洋公學張美翊支

四　伍光建关于沈宏豫等本届公费留学生的手记（一九〇五年八月二十四日）

【录　文】

奉监督面谕，学生沈宏豫等十名着改派赴英肄业。每名每年给学费一百五十镑，分四季汇寄。

教务长伍　记

七月廿四日

【作者简介】

伍光建
（1866—1943）

伍光建，原名光鉴，号昭扆，广东新会人，翻译家。天津北洋水师学堂毕业，后留学英国格林威治海军大学、伦敦大学。回国后，曾任南洋公学提调、清海军处司长、北洋政府财政部顾问、复旦大学教授。晚年专事译著，出版《伍光建翻译遗稿》。

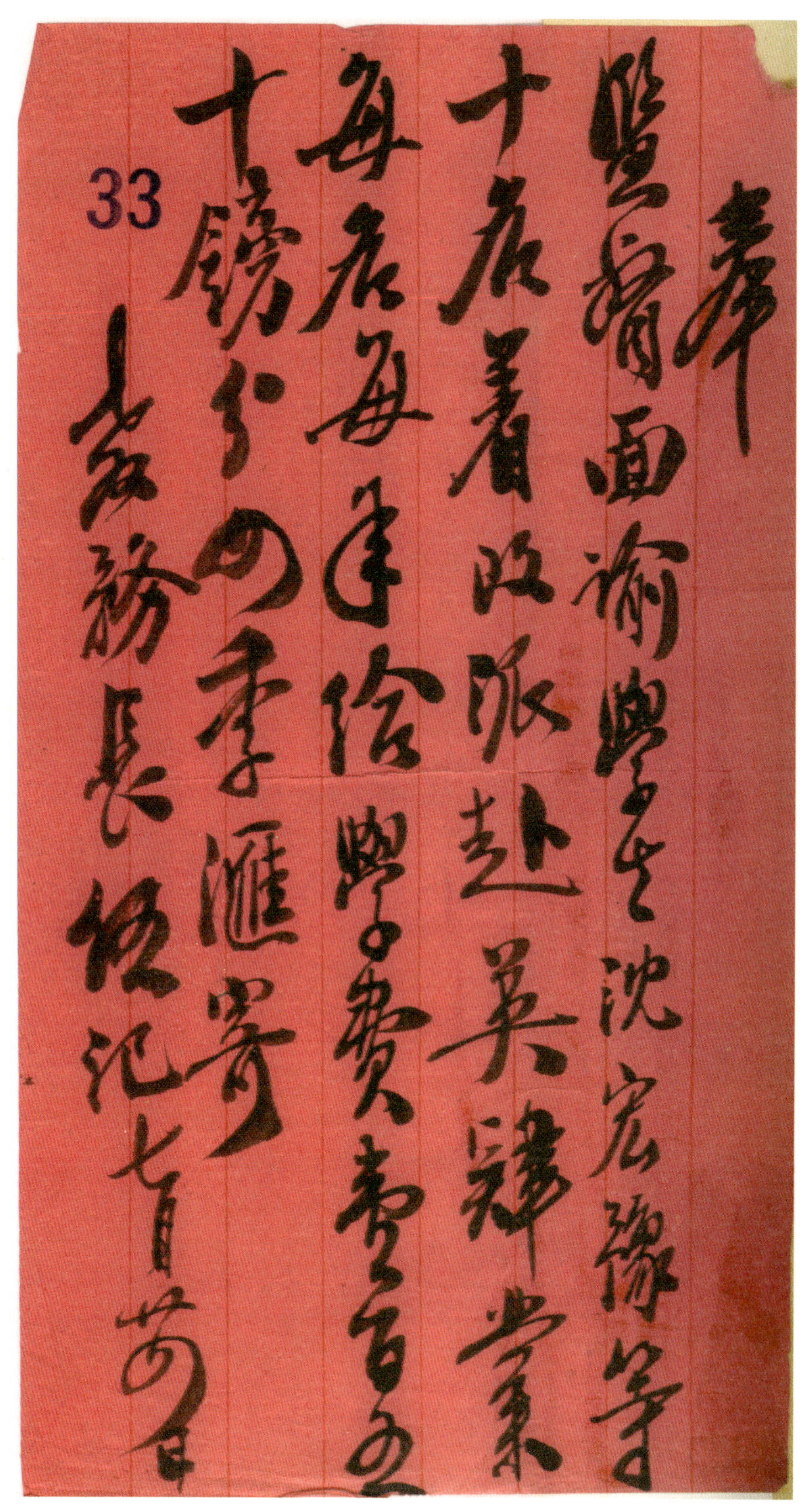

33

奉
監督面諭學生沈宏繹等
十名著改派赴英肄業
每名每年給學費壹百五
十鎊分四季匯寄
總務長[illegible]七月廿四日

五 张荫棠致唐文治函（一九一〇年十一月十六日）

【录 文】

敬复者：前接大函，查学生杨锦森、林则蒸、徐经郛、胡鸿猷、赵景简、杨荫樾等程度若何，本年冬间能否毕业各节。当即转饬兼监督分查去后，兹据复称，各该生程度尚好。惟据杨锦森、林则蒸、徐经郛、胡鸿猷、赵景简五生禀报，须于宣统四年毕业；杨荫樾禀称，比杨锦森等来美较迟一年，须于宣统五年夏间毕业，并咸请转恳俯准，俾成所学等情前来。合即据情转达。专此布复。敬请勋安。惟祈詧照。

愚弟　张荫棠　顿首

【作者简介】

张荫棠
（1866—1935）

张荫棠，广东新会人，字朝弼。清光绪举人，以员外郎在总理衙门管理对英交涉事务。戊戌政变后辞免。1908年任外务部右参议，1909年任左丞，旋任出使美、秘、墨、古等国大臣。1912年任驻美外交代表，次年任驻美公使。著有《使藏纪事》。

敬復者前接
大函查學生楊錦森林則蒸徐經郛胡鴻
猷趙景簡楊蔭樾等程度若何本年冬間
能否畢業各節當即轉飭兼監督分查去
後茲據覆稱各該生程度尚好惟據楊錦
森林則蒸徐經郛胡鴻猷趙景簡五生稟
報須於宣統四年畢業楊蔭樾稟稱比楊
錦森等来美較遲一年須於宣統五年夏

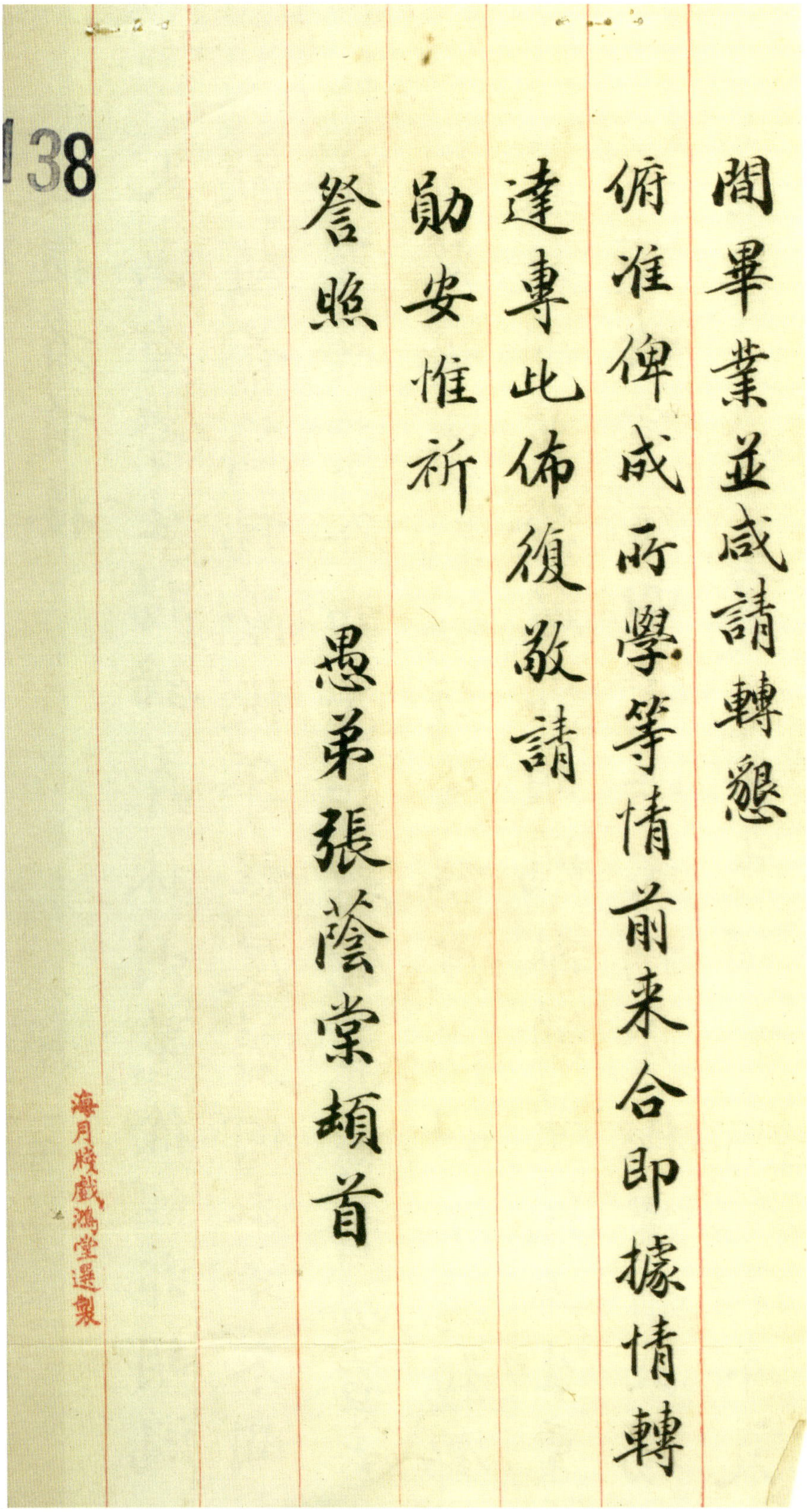

閣畢業並咸請轉懇
俯准俾成所學等情前來合即據情轉
達專此佈復敬請
勛安惟祈
詧照
愚弟張蔭棠頓首

六 唐文治致北京邮传部电稿（一九一一年二月二十八日）

【录 文】

北京邮传部列堂鉴：

陆齐务长瑞清回沪，函敬悉。铁路毕业生考试已毕，可否请列堂先行选派出洋，令于本学期内即入欧美大学，以便速资造就。上月俭电计达，两湖生如决议送沪，乞早电示，以便布置。

文治 歌

【作者简介】

唐文治
（1865—1954）

唐文治，字颖侯，号蔚芝，晚号茹经，江苏太仓人，教育家、国学家。光绪十八年进士，官至清农工商部左侍郎兼署理尚书，后致力于教育事业。曾任上海高等实业学堂（交大前身）及邮传部高等商船学堂（大连海事大学、上海海事大学前身）监督。创办私立无锡中学及无锡国学专修馆。著有《茹经堂文集》《十三经提纲》等。

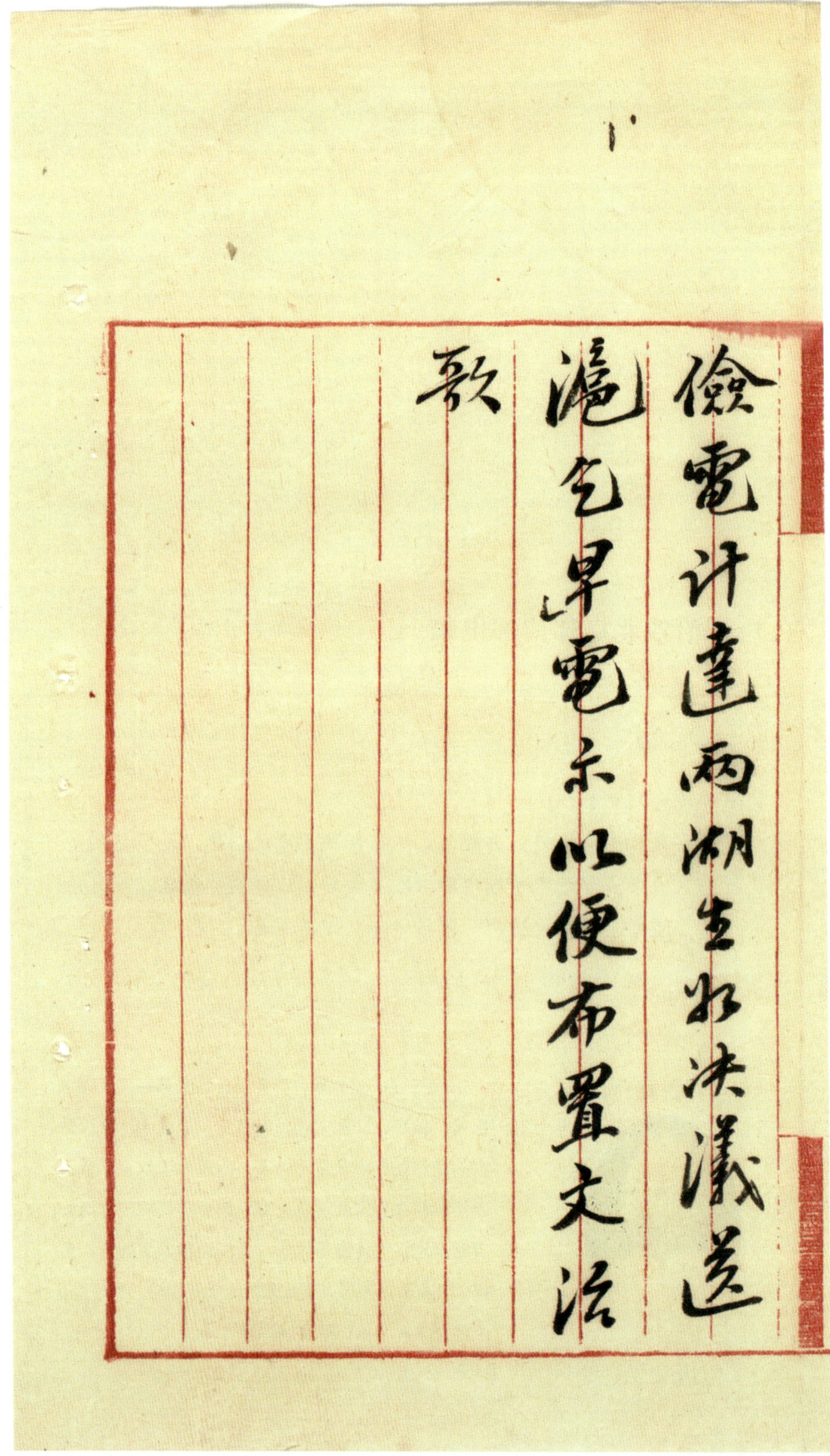
儉電計達兩湖生取決議送滬乞早電示以便布置大冶款

北京郵傳部列堂鑒陸齋務長回（瑞清）
滬函敬悉鐵路畢業生考試
已畢可否請列堂先行遴派
出洋俾令於本學期內即入歐
美大學以便速資造就上月

七　张謇致唐文治函（一九一二年三月二十六日）

【录　文】

蔚之（芝）先生大鉴：

比临时交通部于右任君询商船学校校长孰宜，謇以萨镇冰对，亦为言于萨君，不知肯就否也。海门沈生一奇，学海军于日本六年，以最优等毕业，所学为机械专科。以之充商船教员，适当其选。公如求才，此其一矣。谨以奉荐，并令沈生亲谒承教。祇请

道安

张謇　谨启

三月廿六日

【作者简介】

张謇

（1853—1926）

张謇，字季直，号啬庵，江苏南通人，实业家、教育家。光绪二十年状元。曾任清政府翰林院修撰、中华民国临时政府实业总长等职。主张实业救国，是中国棉纺织领域早期开拓者。创办中国第一所纺织专业学校。著有《张謇日记》《啬翁自订年谱》等。

053-1

沈生持謁

唐先生道啓

張謇緘

蔚之先生大鑒：比以此時交通部於古任君初商船學校校長，就宜亦以薩鎮冰對公為言，於薩君不知，嘗就商海門沈生一奇，學海軍於日本六年，以最優等畢業，又學為機械專科，以之充商船教員，適當其選。以如求才甚切之一矣，謹以奉薦，即希令沈生親謁乞教，祗請

道安

張謇謹啟 三月廿六日

八 萨镇冰致唐文治函（一九一二年九月二十三日）

【录 文】

蔚之（芝）先生惠鉴：

敬肃者：船校借用徐家汇贵校空屋忽二年余，至纫厚谊。今者，敝校吴淞新舍内之军队已迁徙他处。爰将该处校舍收回，用于即日迁入，所有徐汇空屋合应交还尊处。希即饬令贵校庶务员前往接收，弟已嘱敝校庶务处详慎点交矣。肃此。敬请道安。伏希垂照。

萨镇冰

元年九月二十三日

【作者简介】

萨镇冰
（1859—1952）

萨镇冰，字鼎铭，福建侯官人，蒙古族。英国格林威治皇家海军学院毕业。清末历任广东水师提督、海军统制。1912 年任吴淞商船学校校长。1917 年起任北洋政府海军总长、福建省省长，一度代理国务院总理。1949 年为全国政协第一届全体会议特邀代表。著有《古稀吟集》。

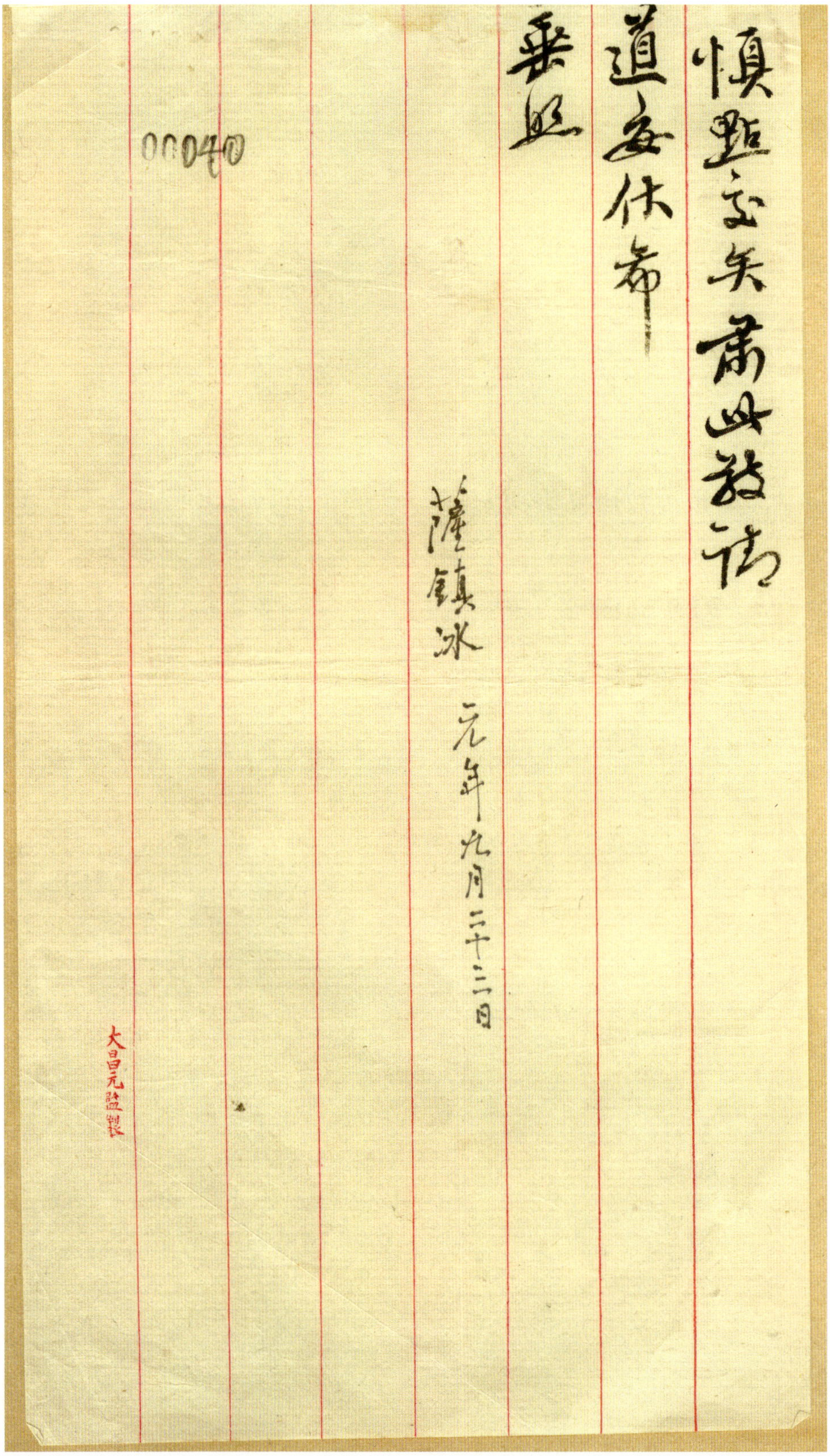

慎點交矣　肅此敬請

道安，伏希

垂照

薩鎮冰

元年九月二十二日

蔚之先生惠鉴：敬肃者，船校借用徐家汇
贵校空屋，匆匆一年余，至纫
厚谊。今者敝校吴淞新舍内之军队已迁徙他处，爰
将该处校舍收回用，校即日迁入，所有徐汇空屋，今
应交还
尊处，希即
饬令
贵校庶务员前往接收，本已嘱敝校庶务处详

九　许世英复唐文治函（一九一七年四月十七日）

【录　文】

蔚芝先生阁下：

接四月十二日来函，敬悉一切。开会祝词，届时交由陆参事等带沪。至王次长赴日与会，现正起程回国，恐时间匆促，未克赴沪莅会，其演说词亦由陆参事等带往。此复。并颂

道祺

许世英　启

四月十七日

【作者简介】

许世英

（1873—1964）

许世英，字俊人，安徽东至人。1910 年被派赴欧美考察司法制度。曾任山西提法司、布政司。1913 年任奉天民政长。1916 年任内务总长、交通总长。1921 年任安徽省省长。1925 年任段祺瑞执政府内阁总理。1930 年任全国赈灾委员会委员长兼全国财政委员会主席。

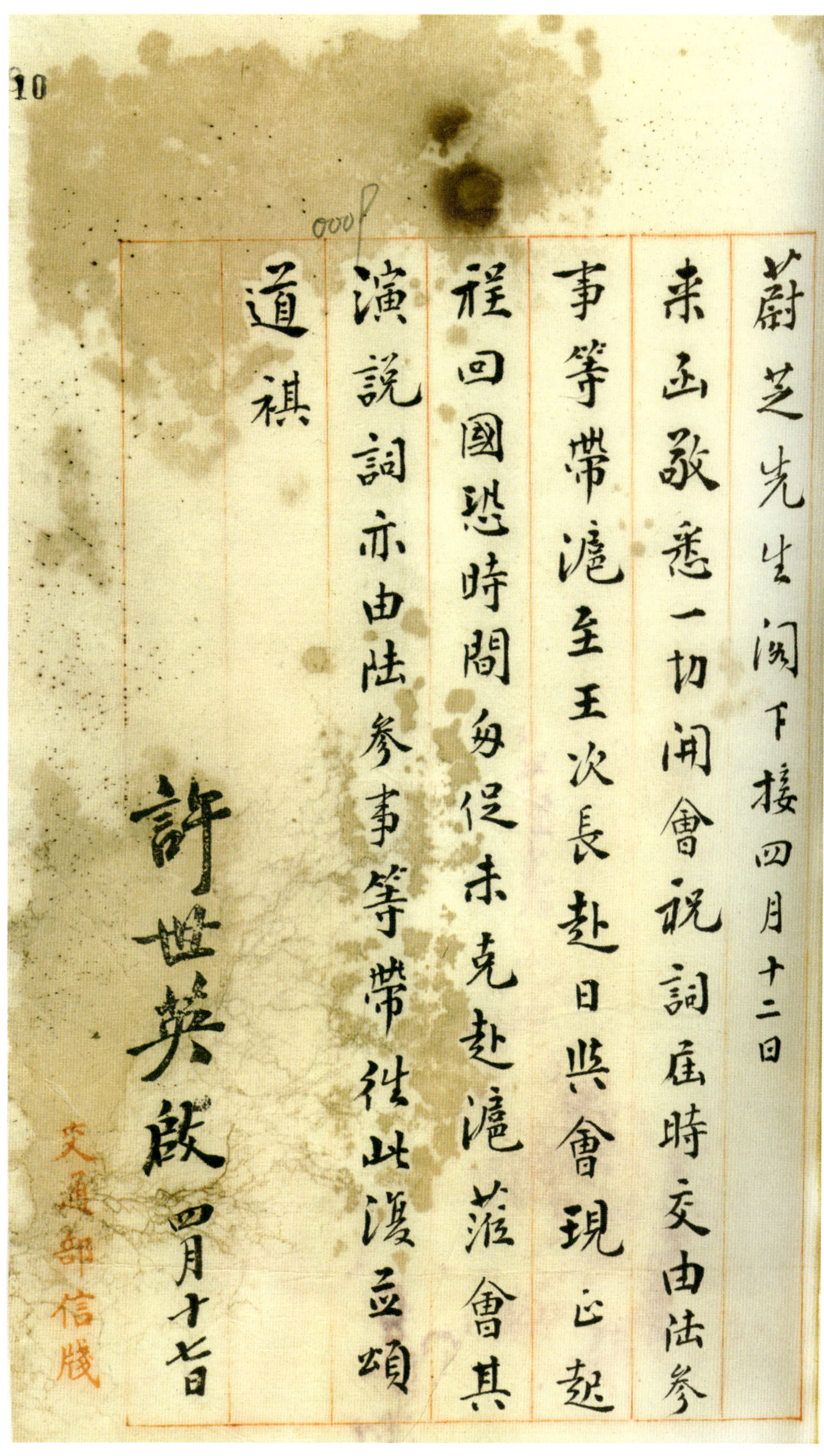

蔚芝先生閣下：接四月十二日
來函，敬悉一切。開會祝詞届時交由法參
事等帶滬。查王次長赴日與會，現已起
程回國，恐時間匆促，未克赴滬蒞會，其
演說詞亦由法參事等帶往。此復，並頌
道祺

許世英啟　四月十七日

交通部信箋

一〇 王正廷复张铸函（一九二一年九月五日）

【录 文】

剑心先生惠鉴：

前此莫以明兄为学生赵笙事，曾嘱代函左右。据来函声称，执事致渠函中赵笙之名误为赵笙年。不知能否补救？尚希示复，此颂

公祺

弟 王正廷 谨启

九月五日

【作者简介】

王正廷

（1882—1961）

王正廷，字儒堂，浙江奉化人，外交家。美国耶鲁大学学士。曾任中华基督教青年协会总干事、巴黎和会中国全权代表、外交总长、财政总长、国务总理、陇海铁路督办、国民政府外交部长等职。1949年定居香港，任太平洋保险公司董事长。辑有《王正廷博士演讲集》。

華豐紡織公司用箋

劒心先生惠鑒：前此莫以明兄為學生趙筌事曾囑代函左右，據來函聲稱執事致渠函中趙筌之名誤為趙筌年，不知能否補救，尚希示復。此頌

公祺

弟王正廷謹啓 九月五日

上海英界香港路式號 ● 電話中央五八一九

一一　谢扶雅复淩鸿勋函（一九二五年五月八日）

【录　文】

竹铭先生又鉴：

甫将发函，接奉手札，嘱询余日章先生为三校演说比赛评判员一节。余先生近因身体未甚复原，日前曾有沪江大学等请担任评判员亦不能往，实因健康上之关系起见，故对于宠招未克以应，不胜歉疚云云。专此奉复，即请

惠詧

弟　谢扶雅　又具

十四年五月八日

【作者简介】

谢扶雅

（1892—1991）

谢扶雅，浙江绍兴人，宗教哲学家。1911 年就读于东京高等师范学校及立教大学。1925 年冬赴美芝加哥大学、哈佛大学攻读宗教哲学，回国后历任岭南大学、中山大学、金陵大学和东吴大学教授。1949 年初去香港。1958 年赴美参与“基督教历代名著集成”的编译工作。著有《新时代的信仰》《诸教研究》等。

中華基督教青年會全國協會

竹銘先生文鑒：甫將發函，接奉手札，囑詢余日章先生為三校演說比賽評判員一節。余先生近因身體未甚復原，日前曾有滬江大學等請擔任評判員亦不能往，實因健康上之關係起見，故對於寵招未克以應，不勝歉疚云云。專此奉復，即請

惠鑒

弟謝扶雅具

廿年五月八日

字第　號

事務所上海博物院路二十號

一二 余日章致凌鸿勋函（一九二五年七月十六日）

【录 文】

鸿勋先生大鉴：

敬启者，兹有由美来华之学生八人，拟参观本埠著名各学校。现定于星期一（七月廿日）上午十时半诣贵校参观，特为一言介绍。届时并嘱敝会干事沈体兰君陪同来前，尚乞俯允招待为荷。专此。顺颂

教安

余日章（钤印） 敬启

十四年七月十六日

【作者简介】

余日章

（1882—1936）

余日章，湖北蒲圻人，基督教领袖、活动家。1905年上海圣约翰大学毕业，1908年赴美留学，获哈佛大学硕士。辛亥革命后，曾任黎元洪秘书、湖北军政府外交部交涉局局长、中华基督教青年会总干事、中华全国基督教协进会会长等。提倡“基督教救国论”。

中華基督教青年會全國協會

總字第三五八六號

鴻勛先生大鑒：敬啓者，茲有由美來華之學生八人，擬參觀本埠著名各學校，現定於星期一七月廿日上午十時半詣

貴校參觀，特為一言介紹，屆時並請敝會

幹事沈體蘭君陪同來前，尚乞

俯允招待為荷。專此，順頌

教安

余日章敬啓

本年七月十六日

事務所上海博物院路二十號

一三 汪伯奇致凌鸿勋函（一九二五年八月二日）

【录 文】

竹鸣（铭）先生台鉴：

前接福开森先生来函，嘱制肖像一帧送交尊处。兹已制就，专人送奉，即祈詧收为荷。此请

台安

汪（制）伯奇 拜启

外附 福公照相一方

十四年八月二日

【作者简介】

汪伯奇

（生卒年不详）

汪伯奇，浙江温州人，近代报业家。早年就读于上海圣约翰大学，1924年担任《新闻报》总经理。坚持其父汪汉溪“无党无偏、完全中立、经济自主”的办报方针不变，一心在扩大销路、招徕广告下功夫，与其弟汪仲韦共同开创了《新闻报》的第二个辉煌的十年。

上海漢口路十九號 電話中一百六十六五 電報掛號 六六〇六上海

竹鳴先生台鑒：前接福開森先生來函，囑製肖像一幀送交尊處。茲已製就，專人送奉，即祈詧收為荷。此請

台安

汪伯奇拜啓

外附福公照相壹方

卅年八月二日

上海新聞報館公用箋

一四　丁文江、胡适、王景春致淩鸿勋函（一九二六年四月十四日）

【录　文】

竹铭仁兄先生惠鉴：

庚款委员会已自宁回申，后日拟赴杭一行。回申后拟于本月二十六日下午三时来贵校参观，是否方便？乞即赐复为荷。此颂

大安

弟　丁文江、胡适、王景春　敬启

四月十四日

【作者简介】

丁文江

（1887—1936）

丁文江，字在君，江苏泰兴人，我国地质科学事业奠基人之一。1902 年留学日本，1908 年考入英国格拉斯哥大学学习动物学和地质学。曾任工商部地质研究所、农商部地质调查所所长、北京大学教授、中央研究院总干事、中国地质学会会长等。主编《中国地质学会会志》，著有《中国之造山运动》等。

胡适

（1891—1962）

胡适，字适之，安徽绩溪人，中国现代文化创始人、学者。美国哥伦比亚大学哲学博士。五四时期提倡文学革命，成为新文化运动的领袖之一。曾任国民政府驻美大使、北京大学校长。著有《中国哲学史大纲》（上）《胡适文集》。

王景春

（1882—1956）

王景春，字兆熙，河北滦县人，铁道行政管理家。美国耶鲁大学土木工程系学士学位。后在伊利诺伊大学专攻铁路运输管理，获博士学位。曾任京汉铁路局局长、交通部总审计官、中东铁路局局长、英国退回中国庚子赔款董事会委员兼总干事。

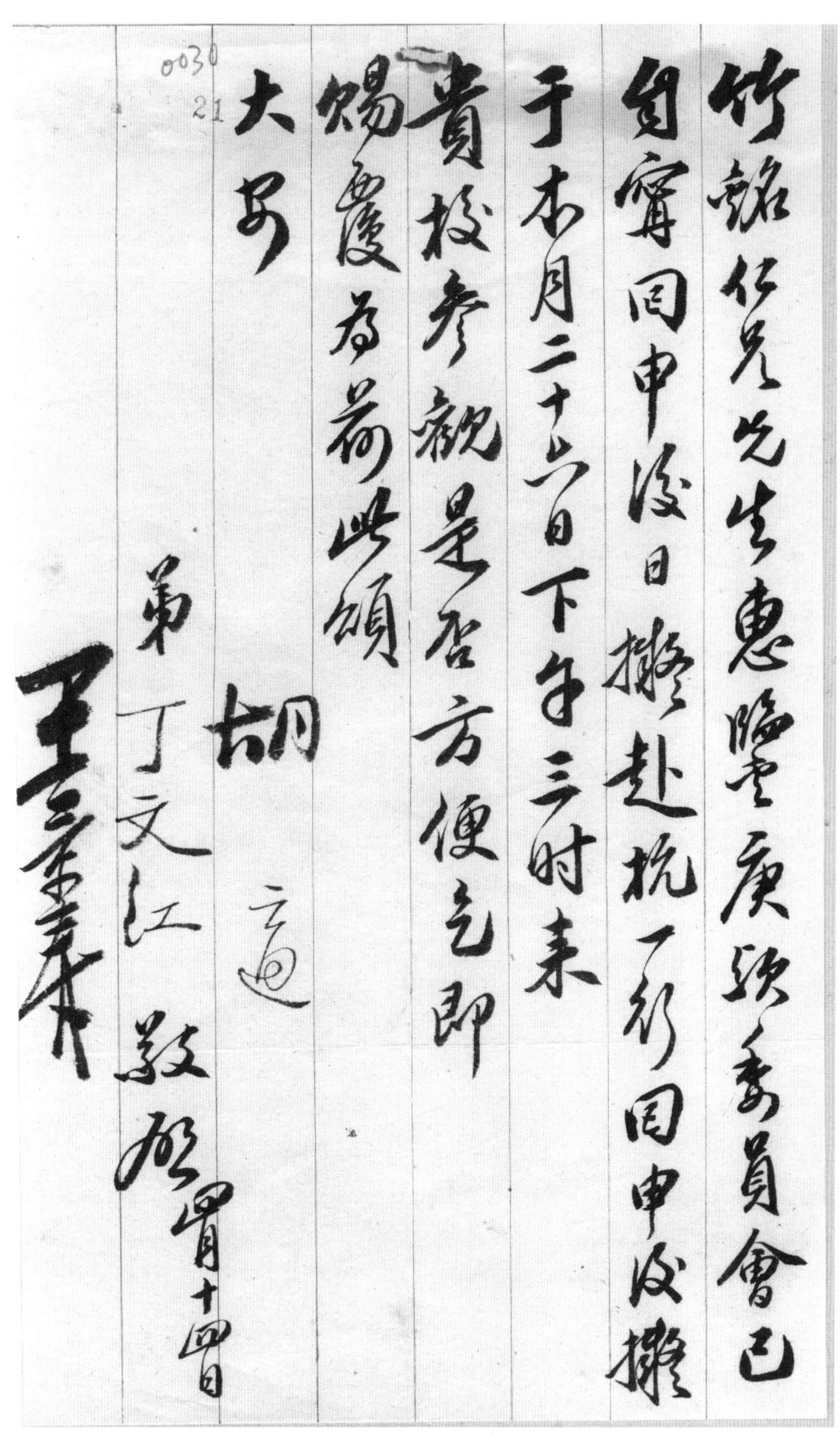
0030
21

竹銘先生惠鑒：庚款委員會已由甯回申，後日擬赴杭一行，回申後擬于本月二十七日下午三时来貴校參觀，是否方便，乞即賜覆為荷。此頌
大安

弟 胡適 丁文江 王景春 敬啓
四月十四日

一五　章宗元致符鼎升函（一九二七年八月十八日）

【录　文】

九铭先生大鉴：

敬启者，前承贵大学允借南院一部分校舍及校内一应需用器，作为私立南洋模范中小学校舍等因，至深感荷。兹敝会已聘定沈同一先生担任私立南洋模范中小学校长，务望指示日期，饬将南院校舍及校内各项应用物件检交沈校长是荷。敬请

公安

私立南洋模范中小学校董会（钤印）执行委员会主席　章宗元（钤印）

八月十八日

【作者简介】

章宗元

（1877—1952）

章宗元，字伯初，浙江吴兴人，法学家、经济学家。早年赴美留学，后任外务部主事、翰林院编修、北京财政学堂总办。1912 年后任财政部次长、币制委员会委员长、唐山工业专门学校校长等职。译有《美国独立史》，著有《计学家言》等。

九銘先生大鑒敬啟者前承　貴大學允借南院一部分校舍及校內一應需用器作為私立南洋模範中小學校舍等因至深感荷茲敝會已聘定沈同一先生担任私立南洋模範中小學校長務望指示日期飭將南院校舍及校內及各項應用物件檢交沈校長是荷敬請

公安

私立南洋模範中小學校董會

執行委員會主席　章宗元

私立南洋模範中小學校董會　八月十八日

一六 福开森致吴先生函（英文）（一九三〇年六月二十二日）

【录 文】

Peitaiho June 22, 1930

Dear Mr. Woo,

Your letter of June 13th has just reached me inviting me to be present at the thirtieth commencement exercises of the university and to give an address to the graduating class. I have telegraphed you that it will be impossible for me to be present for I could not get any passage to and from Shanghai at this late day. If I had known earlier, I should have certainly planned to accept your invitation for I never refuse one from my old Nanyang College. I feel highly honored that you do not forget me and nothing could have prevented my coming to your commencement if it were possible for me to secure passage.

Kindly present my compliments to the President and the Faculty and accept for the University best wishes for its continued success.

Yours sincerely

John C. Ferguson

【作者简介】

福开森

John Calvin Ferguson

（1866—1945）

福开森（John Calvin Ferguson，中国名“福茂生”，1888年来华传教，在南京创办汇文书院（金陵大学前身）。先后任南洋公学（交通大学前身）首任监院、淞沪铁路会办。1899年购得《新闻报》股权，控制该报30年。民国成立后，先后任北京政府总统顾问、国民政府行政院顾问。1942年返美。著有《历代著录画目》《中国艺术综览》等。

0070

Peitaiho

3 HSI-CHIAO HUTUNG
PEPING, CHINA

June 22, 1930

Dear Mr. Woo,

Your letter of June 13th has just reached me inviting me to be present at the thirtieth Commencement Exercises of the University and to give an address to the Graduating class. I have telegraphed you that it will be impossible for me to be present for I could not get my passage to and from Shanghai at this late day. If I had known earlier I should have certainly planned to accept your invitation for I never refuse one from my

00P1

my old Nanyang College. I feel highly honored that you do not forget me and nothing would have prevented my coming to your Commencement if it were possible for me to secure passage.

Kindly present my compliments to the President and the Faculty and accept for the University best wishes for its continued success.

Yours sincerely

John C. Ferguson

一七 刘湛恩致黎照寰函（一九三〇年十月二十八日）

【录 文】

照寰吾兄伟鉴：

接奉通函，欣悉先生荣任国立交通大学校长，并于本月二十七日上午十时举行就职礼。恩极思参与盛典，恭聆教益，只以羁牵校务，未克，遂愿。敬维刷新校政，努力育才，矜式士林，为颂无量。肃笺奉贺，还希惠詧。顺颂

道祺

弟　刘湛恩（钤印）　谨启

十月廿八日

【作者简介】

刘湛恩

（1896—1938）

刘湛恩，湖北汉阳人，教育家。1922 年获美国哥伦比亚大学博士学位。曾任东南大学、大夏大学、光华大学教授，中华基督教青年会教育总干事等职。1929 年任沪江大学校长，为该校首任中国籍校长。1938 年因坚拒日伪拉拢，遭特务暗杀。著有《公民与民治》等。

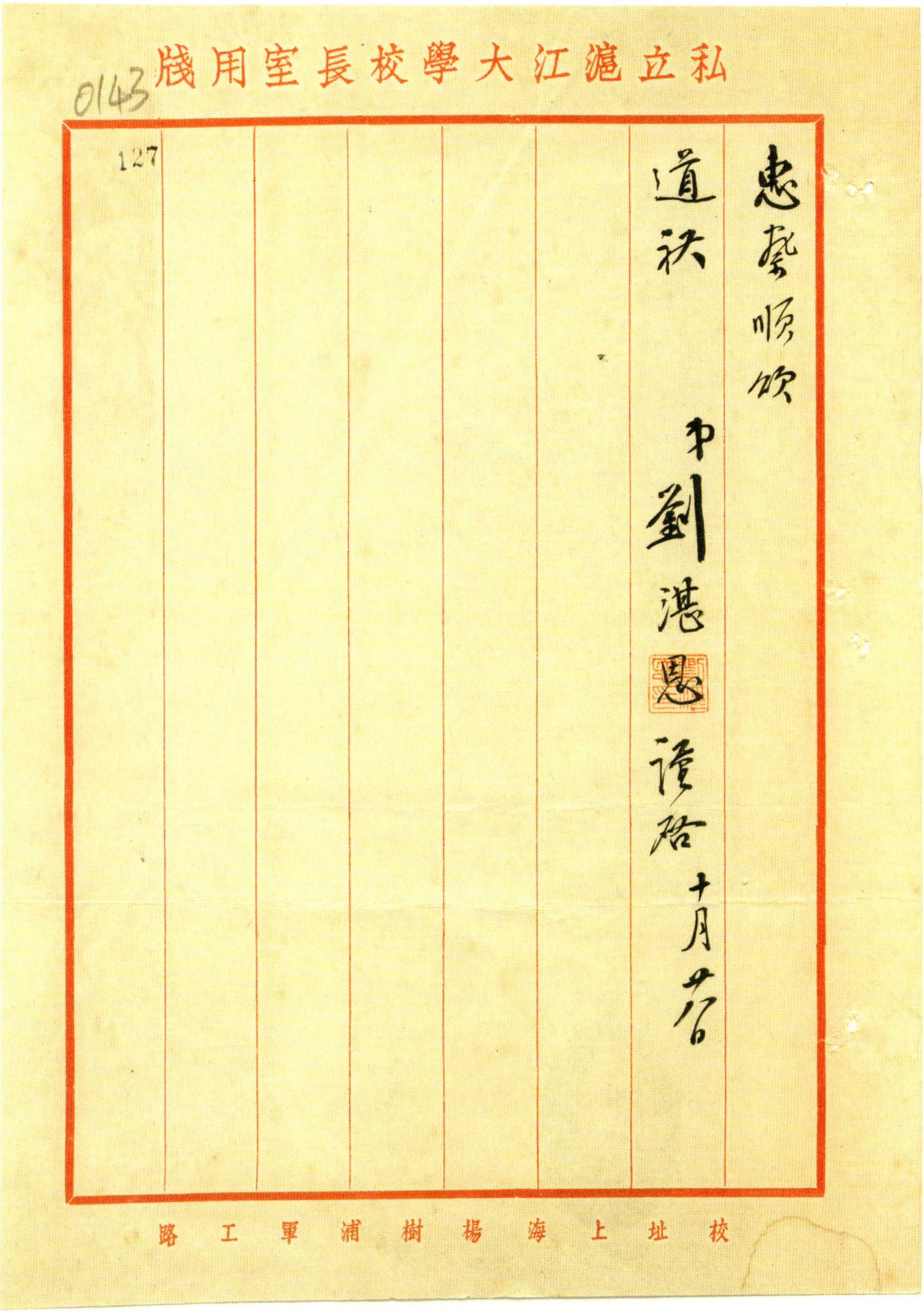

私立滬江大學校長室用箋

0143

127

惠覆順頌

道祺

弟劉湛恩謹啓　十月廿八日

校址上海楊樹浦軍工路

私立滬江大學校長室用箋

駿褱吾兄偉鑒：接奉

通函，欣悉

先生榮任國立交通大學校長，並于本月

二十七日上午十時舉行就職禮，恩極思參

與盛典，藉聆

教益，祇以羈牽校務，未克遂願，敬維

創新校政，努力育才，矜式士林，為頌無量。

肅函奉賀，還希

校址　上海楊樹浦軍工路

一八　周谷城致黎照寰函（一九三一年一月三十日）

【录 文】

耀（曜）生翁：

城在暨大教育学院，每周任课只三小时，月入有限，不足以资生。先生可否介绍到劳大王景岐先生处教课数时（教材由学校指定可也）。交大如有国文、历史或社会科学之类需人教授者，亦望先生为谋三数小时。倘承不弃，则受赐多矣。专此奉恳。敬颂

近福

谷城　谨上

一月卅号

（黎照寰批语：可介绍。）

【作者简介】

周谷城

（1898—1996）

周谷城，湖南益阳人，历史学家、教育家。1932年任上海暨南大学教授兼史地系主任。自1942年起，长期在复旦大学执教，任历史系主任、教务长等职。新中国成立后任全国人大常委会副委员长等职。著有《中国社会史论》《世界通史》等。

教材由学校指定可也。

耀生公前，

城在暨大教育学院每周任课祗三小时，月入有限，不足以资生。先生可否介绍到劳大王景岐先生处教课数时。交大如有国文历史或社会科学之类需人教授者，亦望先生为谋一二数小时。倘承不弃，则受赐多矣。专此奉恳，敬颂道福。

苍城谨上　卅年一月

第　號　頁

年　月　日

厦門路貽德里生達實業館製

一九 叶楚伧致黎照寰函 （一九三一年六月十八日）

【录 文】

曜生先生校长赐鉴：

学生张承宏，原在苏州东吴大学理化科二年级修业，志愿转入贵校电机科。拟于今夏投考，务恳设法录取，准于暑期以后插入电机科二年级肄业为感。专上。祗颂

教安

弟 叶楚伧（钤印） 上

六月十八日

（黎照寰批语：“何无插班办法”，予以回绝。）

【作者简介】

叶楚伧

（1887—1946）

叶楚伧，字卓书，江苏吴江人，同盟会会员、南社社员。1916 年创办《民国日报》，任总编辑。历任江苏省主席、立法院副院长，国民党中宣部部长、中常委等职。著有《世徽堂诗稿》《楚伧文存》等。

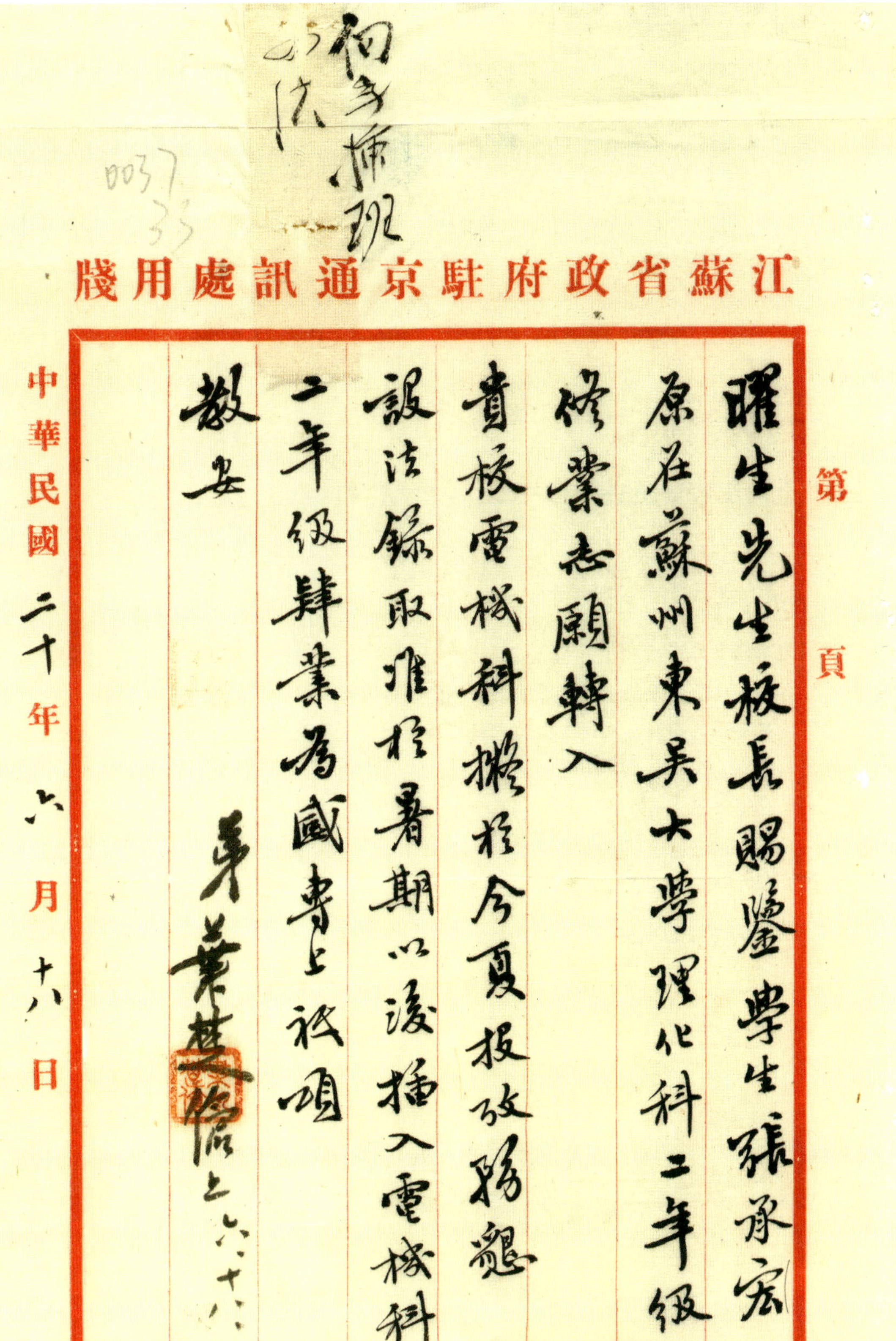

江蘇省政府駐京通訊處用牋

第　頁

曜生先生校長賜鑒：學生張承宏原在蘇州東吳大學理化科二年級修業，志願轉入貴校電機科攻讀，今夏投考，務懇設法錄取，准於暑期以後插入電機科二年級肄業，為國造就人材。專上，祇頌教安。

葉楚傖上　六、十八

中華民國二十年六月十八日

二〇　金问洙致黎照寰函（一九三二年四月二十二日）

【录 文】

曜生先生赐鉴：

各校损失表邮寄北平，交国际调查团，早已递到矣。兹将各校月薪表及致文化基金会函稿送上，即乞修改缮发为荷。蔡先生处，未知已否晤谈。此函去后，便当作进一步之接洽也。耑颂

著安

弟　金（制）问洙　上

四月廿二日

（黎照寰批语：另函并表与蔡先生。寰，四，廿三。）

【作者简介】

金问洙

（1891—1964）

金问洙，字通尹，号率楼，浙江嘉兴人，教育家。1905 年就读于复旦公学，1915 年获北洋大学土木工程科学士。历任复旦大学教授、理学院院长，北洋大学教务长、代理校长等职。1949 年后，曾任青岛工学院院长、武汉测绘学院副院长等职。著有《率楼韵文选》。

復旦大學用牋

第　　號

曜生先生賜鑒：兄校損失表郵寄北平之國際調查團早已遞到矣，茲特兄校月薪表及致文化基金會函稿送上，即乞修改後發為荷。蒙先生屬弟也以兄名晤談，此函去後便當作進一步之接洽也。為頌

華安

弟金問洙上

四月廿二

[illegible]並表[illegible]先生

[illegible]四[illegible]

民國　年　月　日

地址江灣翔殷路

電話江灣八號

二一　范文照致黎照寰函（一九三二年七月六日）

【录　文】

曜生仁兄校长大鉴：

辱承介绍令弟子屈驾匡襄，铭感之余，誓尽鲁钝，冀图报命。嗣后尚希随时督责，展见贻笑问道于盲也。又闻贵校近有建筑图书馆、大礼堂种种发展，至深忻佩。但敝处曩曾代制各部建筑草图，今续进行，收效倍易。为特并陈，务乞赐示，效劳南针，俾竭棉薄，藉图报益也。耑函。祇颂

大安

弟　范文照　谨启

廿一年七月六日

（黎照寰批语：存。）

【作者简介】

范文照
（1893—1979）

范文照，广东顺德人，建筑师。1917 年毕业于上海圣约翰大学。1921 年获宾夕法尼亚大学建筑系学士。曾任上海联青社社长。1927 年任中国建筑师学会副会长。设计南京中山陵、中山纪念塔、南京铁道部、励志社大楼等建筑。

第　　號　　第　　頁

曜生仁兄校長大人台席：承

介紹令弟子居鳴廷襄諸業之餘，□承貴館冀同報

命，嗣後尚希

隨時督責，庶免貽誤，則道於青也。又聞

貴校近有建築圖書館、大禮堂種種之發展，至深忻佩。但敝處蒙當代

襄示部建築草圖，今讀進行收效，倘易為特備陳詞

鴻旨效勞，南針俾遂棉薄，藉圖報答也。耑肅敬頌

大安

弟范文照謹啟

民國廿年七月六日

上海四川路念九號
范文照建築師事務所用箋
電話一九三九五號

二二　方振武致谭炳勋函（一九三二年十月十一日）

【录　文】

功溥主任吾兄惠鉴：

舍侄心诰，前籍安徽寿县，现改入江苏江宁籍。即希赐将注册籍贯改为江宁。劳神之处，毋任感之。专此。即颂

台安

弟　方振武（钤印）启

十月十一日

【作者简介】

方振武
（1882—1941）

方振武，字叔平，安徽寿县人，爱国将领。安庆武备学堂毕业。先后参加辛亥革命、二次革命、北伐战争。曾任安徽省政府主席。1933 年与冯玉祥等组织察哈尔民众抗日同盟军，任前敌总司令。1941 年 12 月由香港返回内地时遇害。

功溥主任吾兄惠鑒：舍侄心诰前
籍安徽壽縣，現改入江蘇江寧
籍，即希
飭將該冊籍貫改為江寧，勞
神之處，毋任感之。專此，即頌
台安
弟方振武啓
十月十一日

方振武印

二三　胡庶华致黎照寰函（一九三三年三月二十八日）

【录 文】

曜生吾兄校长道鉴：

前上一函，计陈台览。敝校添聘土木教授一事，朱汉寿先生已允担任。承荐翁君须俟将来方能延揽。费神之处，感谢不尽。电费单据请由邮寄来，俾便照付。耑此。晋颂

铎祺

弟　胡庶华（钤印）谨启

三月廿八日

【作者简介】

胡庶华

（1886—1968）

胡庶华，字春藻，湖南攸县人，教育家、冶金学家。1920 年获德国柏林工科大学工程师学位。曾任上海炼钢厂厂长、汉阳兵工厂厂长、江苏省教育厅长及同济大学、重庆大学、湖南大学、西北大学校长。新中国成立后，任北京钢铁学院教授。著有《铁冶金学》《冶金工程》等。

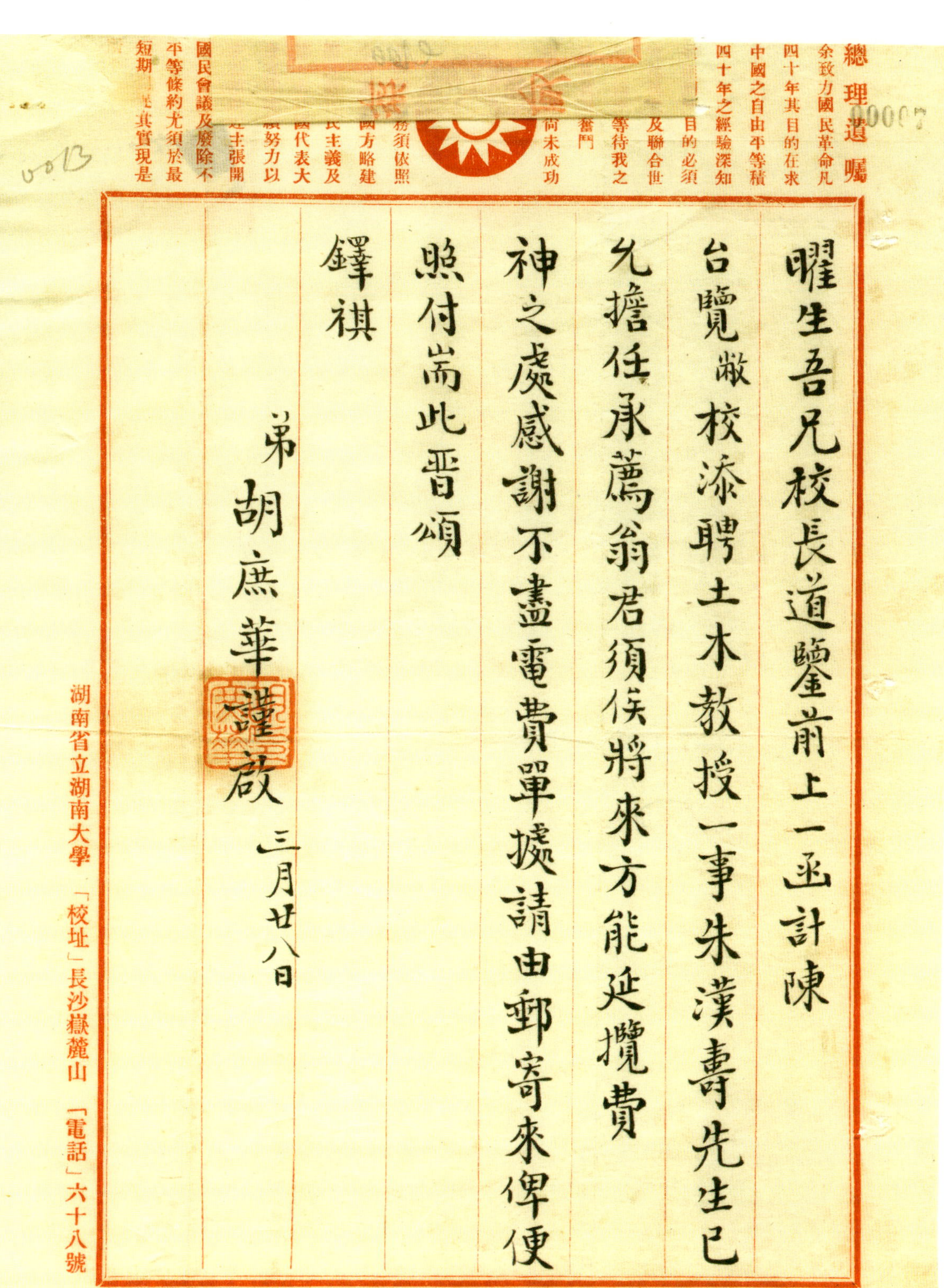

總理遺囑
余致力國民革命凡四十年其目的在求中國之自由平等積四十年之經驗深知……目的必須……及聯合世……等待我之……奮鬥……尚未成功……務須依照……國方略建……民主義及……國代表大……續努力以……建主張開國民會議及廢除不平等條約尤須於最短期□其實現是

曜生吾兄校長道鑒前上一函計陳
台覽敝校添聘土木教授一事朱漢壽先生已
允擔任承薦翁君須俟將來方能延攬費
神之處感謝不盡電費單據請由郵寄來俾便
照付耑此晋頌
鐸祺

弟胡庶華謹啟　三月廿八日

湖南省立湖南大學　「校址」長沙嶽麓山　「電話」六十八號

二四 俞大维复黎照寰函（一九三三年五月二十七日）

【录 文】

照寰仁兄校长伟鉴：

大函敬悉。承介贵校暑期毕业各科学生，后起俊髦，极思延揽。惟本署及所属各厂，均以限于编制，暂无缺额可以位置。除俟将来遇有机缘，再行函达外，知念，专复。即颂

教安

弟 俞大维（钤印） 顿启

五月二十七日

【作者简介】

俞大维

（1897—1993）

俞大维，浙江绍兴人，南洋公学肄业，上海圣约翰大学毕业，哈佛大学哲学博士。后又入柏林大学研究天文学、弹道学。1933 年任军政部兵工署署长。1944 年升任军政部常务次长。1946 年任交通部部长。1949 年去台湾后，曾任“国防部”部长。

照寰仁兄校長偉鑒

大函敬悉承

介貴校暑期畢業各科學生後起俊髦極思延攬惟本

署及所屬各廠均以限於編制暫無缺額可以位置除俟

將來遇有機緣再行函達外知

念專復即頌

教安

弟俞大維頓啟 五、廿七、

軍政部兵工署用箋

二五 高阳致黎照寰函（一九三四年二月二十六日）

【录 文】

曜生吾兄大鉴：

日前贵校白、王教授等莅锡参观，晤谈至快，度已安返贵校矣。兹有恳者，本月廿八日下午二时在八仙桥举行之伍梯云先生追悼会发起人会议，弟以事不克参加。想贵校亦在被邀之列，届时吾兄如能往参与，至祈为弟代表敝院渎神。无任感荷，专恳。祗颂

教绥

弟 高阳（钤印） 敬启

廿三年二月廿六日

【作者简介】

高 阳

（1892—1943）

高阳，字践四，江苏无锡人，教育家。1914年毕业于东吴大学，后去美国康奈尔大学研读经济。1920年毁家兴办私立无锡中学。1931年与俞庆棠等人成立中国社会教育社，后任江苏省立教育学院院长、广西大学校长等职。著有《民众教育》等。

江蘇省立教育學院公用箋　第　頁

曜生吾兄大鑒：日前

貴校王白教授等莅錫參觀，時談至快，度已

安返

貴校美。茲有懇者，本月廿八日下午二時在八仙

橋青年會之伍梯雲先生追悼會發起人會

議，第以事不克參加，懇

貴校亦在被邀之列，屆時吾

兄如能往參與，至祈

中華民國　年　月　日

江蘇省立教育學院公用箋　第　頁

為弟代表敝院瀆

神，無任感荷。專懇，祗頌

教綏

弟高陽拜啓

中華民國廿三年二月廿八日

二六 颜福庆复黎照寰函（一九三四年四月十一日）

【录 文】

曜生校长大鉴：

手书诵悉。敝院教职员无加入上海各大学教职员联合会者。该会情形如何，亦未有闻知。专此奉复，祇颂

台绥

弟 颜福庆 启

四月十一日

【作者简介】

颜福庆

（1882—1970）

颜福庆，字克卿，上海人，医学教育家。早年赴美获医学博士学位。先后创办湘雅医学院、上海医学院，并任院长。中华医学会主要创始人、首任会长。著有《我国卫生事业的发展》《中国医学教育的过去与现在》等。

国立上海醫學院

曜生校長大鑒：

手書誦悉。敝院教職員無加入上海交通大學教職員聯合會者，該會情形如何，亦未有聞知。專此奉覆，祗頌

台綏

弟　顏福慶啓

四、十一

電話七〇一六二·三　　電報掛號七一〇八

院址　上海海格路三七三號

二七　翁之龙复黎照寰函（一九三四年四月十二日）

【录　文】

照寰仁兄校长惠鉴：

顷奉大函，敬悉一是。查上海各大学教职员联合会，此间同事加入者亦有数人，均系自由参加性质，未闻退出。承询，用特函复，耑此。

敬颂

教绥

弟　翁之龙（钤印）　启

四月十二日

【作者简介】

翁之龙
（1896—1963）

翁之龙，江苏常熟人，皮肤病专家、教育家。毕业于同济医科专门学校，曾留学德国，获法兰克福大学医学博士学位。曾任北京大学、东南大学、中山大学教授兼附属医学院院长。1932 年至 1939 年任同济大学校长。著有《皮肤病学总论》等。

00072

總理遺囑

余致力國民革命凡四十年其目的在求中國之自由平等積四十年之經驗深知欲達到此目的必須喚起民衆及聯合世界上以平等待我之民族共同奮鬥現在革命尚未成功

凡我同志務須依照余所著建國方略建國大綱三民主義及第一次全國代表大會宣言繼續努力以求貫澈最近主張開國民會議及廢除不平等條約尤須於最短期間促其實現是所至囑

第　頁

照寰仁兄校長惠鑒：頃奉
大函敬悉一是。查上海各大學
教職員聯合會，此間同事加入
者亦有數人，均係自由參加性
質，未聞退出。承
詢，用特函復。肅此敬頌
教綏

弟 翁之龍 啟
四月十二日

國立同濟大學「校址」吳淞鎮北「電話」吳淞十號

二八 欧元怀复黎照寰函（一九三四年四月十三日）

【录 文】

曜生仁兄校长大鉴：

顷接惠函，承询敝校同人中有无加入上海各大学教职员联合会情形。就弟所知，现尚未有人参加。耑此奉复。顺颂

台绥

弟 欧元怀（钤印）

四月十三日

【作者简介】

欧元怀

（1893—1978）

欧元怀，字愧安，福建莆田人，教育家。1919 年获美国哥伦比亚大学教育学硕士学位。曾任厦门大学教育科教授兼主任、总务长。参与筹建私立大夏大学，1940 年至 1945 年任贵州省教育厅厅长，1945 年至 1951 年任大夏大学校长。1951 年任华东师范大学副总务长、教育系教授。著有《抗战十年中国的大学教育》《论战后我国的留学政策》等。

曜生仁兄校長大鑒：頃接

惠函詢敝校同人中有無加入上海各大學教職員聯合會情形，就弟所知，現尚未有人參加。當此奉復，順頌

台綏

弟 歐元懷

四月十三日

大夏大學校長辦公用箋

二九 于学忠复黎照寰函（一九三四年五月一日）

【录 文】

迳复者，接诵惠笺，藉承一一，比维雅化宏敷，英才乐育，慰颂无量。承示唐校驻军一节，前已遵照台嘱，饬予挪移，藉免妨碍学生功课。兹奉遵械，关于贵院新宿舍驻军，已于日前迁移，尚有少数宅院设置队部，至为疚歉。只以部队人数稍多，一时自不克全数撤尽，尚希容以相当期间，俾克尽数移出，藉维学业，兼副雅谊，并希亮詧是幸。此致交通大学黎校长

于学忠（钤印） 拜启

五月一日

【作者简介】

于学忠

（1890—1964）

于学忠，字孝侯，山东蓬莱人，爱国将领。历任河北、甘肃、山东省主席，第三集团军总司令，军事参议院副院长，国民党中央执行委员等职。抗战期间参加台儿庄会战等战役。新中国成立后，任国防委员会委员、民革中央委员等职。

院設置隊部至為疚歉祇以部隊人數稍多
一時自不克全數撤盡尚希容以相當期間俾
克儘數移出藉維學業兼副
雅誼并希
亮詧是幸此致
交通大學黎校長
于學忠拜啟
五月十日

河北省政府公用箋

逕復者接誦
惠箋藉承一一。比維
雅化宏敷
英才樂育慰頌無量承
示唐校駐軍一節前已遵照
台囑飭予挪移藉免妨礙學生功課茲奉
尊緘關於
貴院新宿舍駐軍已於日前遷移尚有少数宅

河北省政府公用箋

三〇　张寿镛致黎照寰函（一九三四年五月九日）

【录　文】

曜生先生大鉴：

敬启者，素仰台端学识高卓，士林宗仰。兹以敝校与沪江大学在五月十四日下午四时，在敝校大会堂举行华东各大学学生英语辩论竞赛。经两校之同意，聘请台端于是下午一时半惠莅评判，以增光宠。倘须派车奉迓，望于赐复时一并示知，尤为感荷。耑此。敬请

大安

张寿镛（钤印）　谨启

五月九日

【作者简介】

张寿镛

（1876—1945）

张寿镛，字泳霓，号伯颂，浙江鄞县人，教育家。举人出身，清末曾任宁波政法学堂监督、杭州关监督、苏州知府等职。辛亥革命后历任浙江、江苏、湖北、山东财政厅长，后任民国财政部次长、政务次长等职。光华大学创办人，首任校长。著有《约园杂著》等。

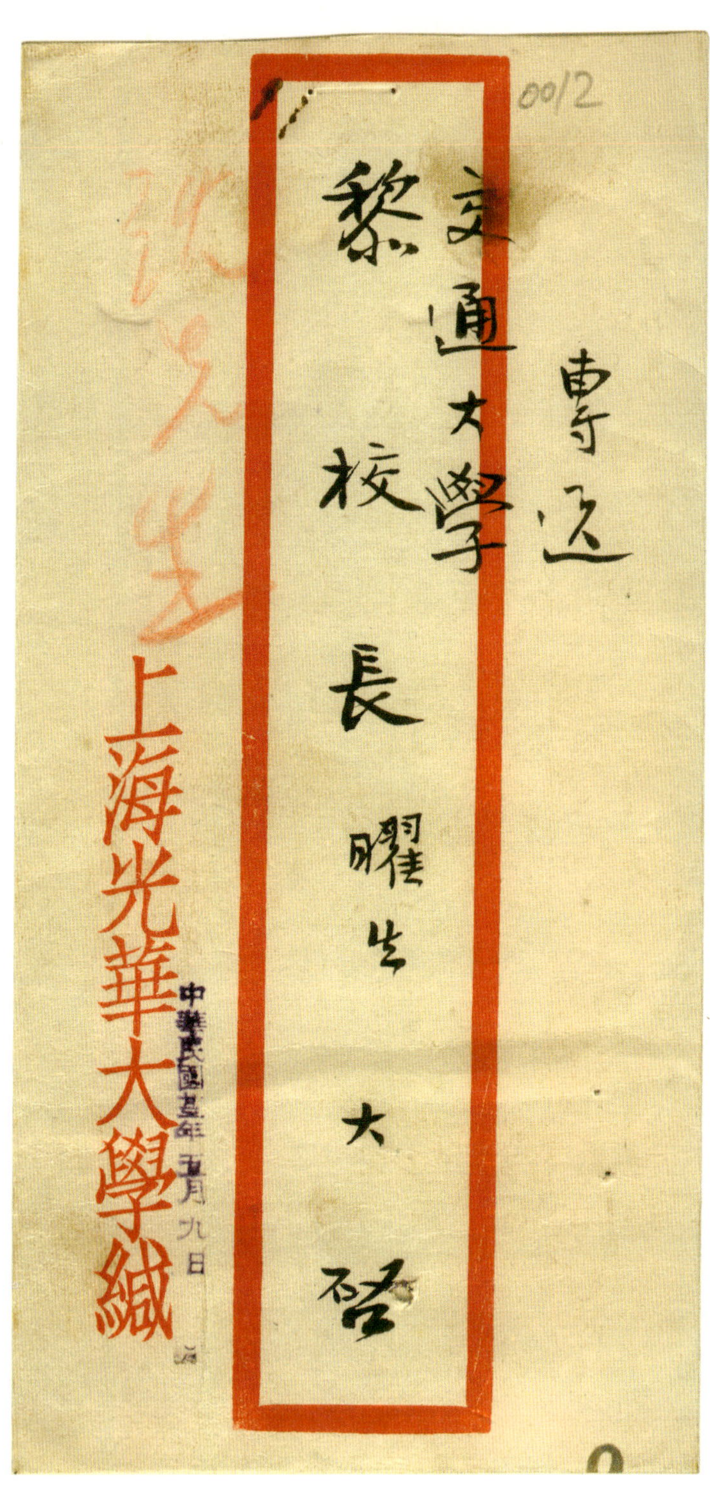
專送
交通大學
黎校長曜生大啓
上海光華大學緘

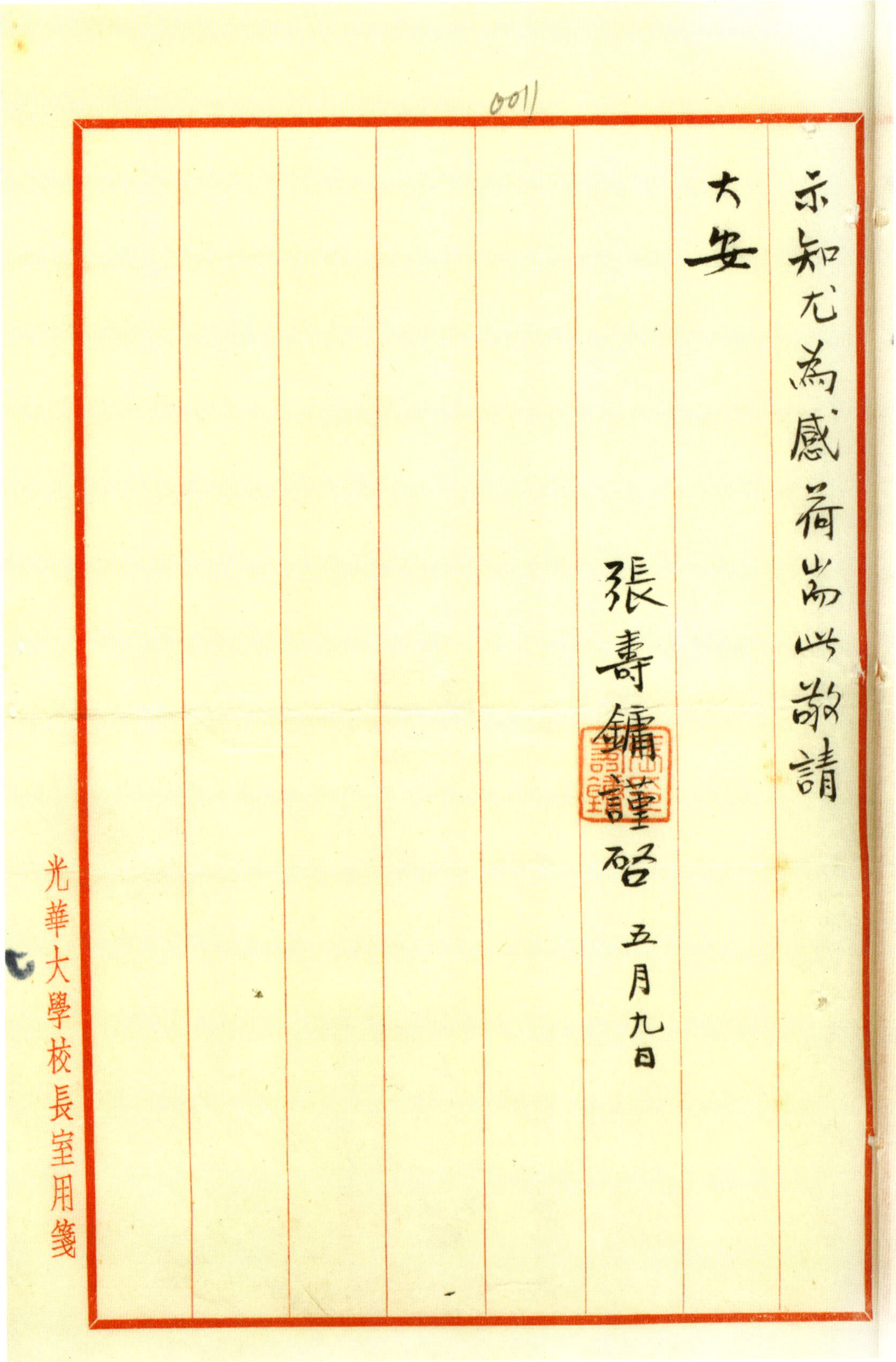

0011

示知尤为感荷（荷）。𡋯此，敬请

大安

張壽鏞謹啓
五月九日

光華大學校長室用箋

0010

曜生先生大鑒：敬啟者，素仰
台端學識高卓，士林宗仰。茲以敝校與滬江
大學在五月十四日下午四時在敝校大會堂舉
行華東各大學學生英語辯論競賽，經兩校
之同意，聘請
台端于是日下午一時半
惠莅評判，以增光寵。倘須派車奉迓，望于
賜復時一併

光華大學校長室用箋

三一 涂羽卿致黎照寰函（一九三四年五月十八日）

【录 文】

照寰校长大鉴：

迳启者，久未晤教，至为系念。月前曾托敝校刘校长奉命请先生于五月廿七日（星期日）上午十时驾临敝校，主讲“基督教与政治”，当蒙允许。上星期敝校推广，教育部干事张春江君亦曾正式备函敦请。迄未见复，至为悬念。兹为日期渐迫，尚希即日示复，以便准备一切

此请

道安

沪东浸礼会执事长涂羽卿 启

【作者简介】

涂羽卿

（1895—1975）

涂羽卿，湖北黄冈人，物理学家。1914 年赴美留学，先后就读于麻省理工学院、哥伦比亚大学和芝加哥大学，获博士学位。回国后曾任教东南大学、沪江大学，后任上海圣约翰大学校长。新中国成立后历任教南京师范学院、江苏师范学院、上海师范学院，任全国政协委员，中华基督教青年会总干事。

上海滬東浸禮會公用牋

照寰校長大鑒：逕啟者，久未晤
教，至為系念。月前曾託敝校劉校長奉請
先生于五月廿七日（星期日）上午十時 駕臨敝校
主講「基督教与政治」，當蒙允許。上星期敝校
推廣教育部幹事張春江君亦曾正式備函
敦請，迄未 見復，至為懸念。茲為日期漸迫，尚希
即日 示復，以便準備一切。此請
道安

滬東浸礼會執事長涂羽卿啟

會址—楊樹浦滬江大學校

三二 卫挺生致钟伟成函（一九三四年五月二十三日）

【录 文】

伟成先生大鉴：

上次在饱聆大教，至为欣快。承问财政学教授有姚君庆三，系复旦毕业后游法者，可称后起之秀。所著《财政学》一书，条理清晰，内容充实，允可胜任。现在上海经济调查所任事，爰为介绍，即颂

教祺

弟 卫挺生 顿首

五月廿三日

【作者简介】

卫挺生

（1890—1977）

卫挺生，字申父，号经野，湖北枣阳人，经济学家、历史学家。美国哈佛大学经济学硕士。曾任南京高等师范学校教授、关务署税则科科长，同时在交通大学兼课。1928年起任立法院委员。1938年后任教复旦大学、中央政治学校。著有《穆天子传今考》《中国主计制度》等。

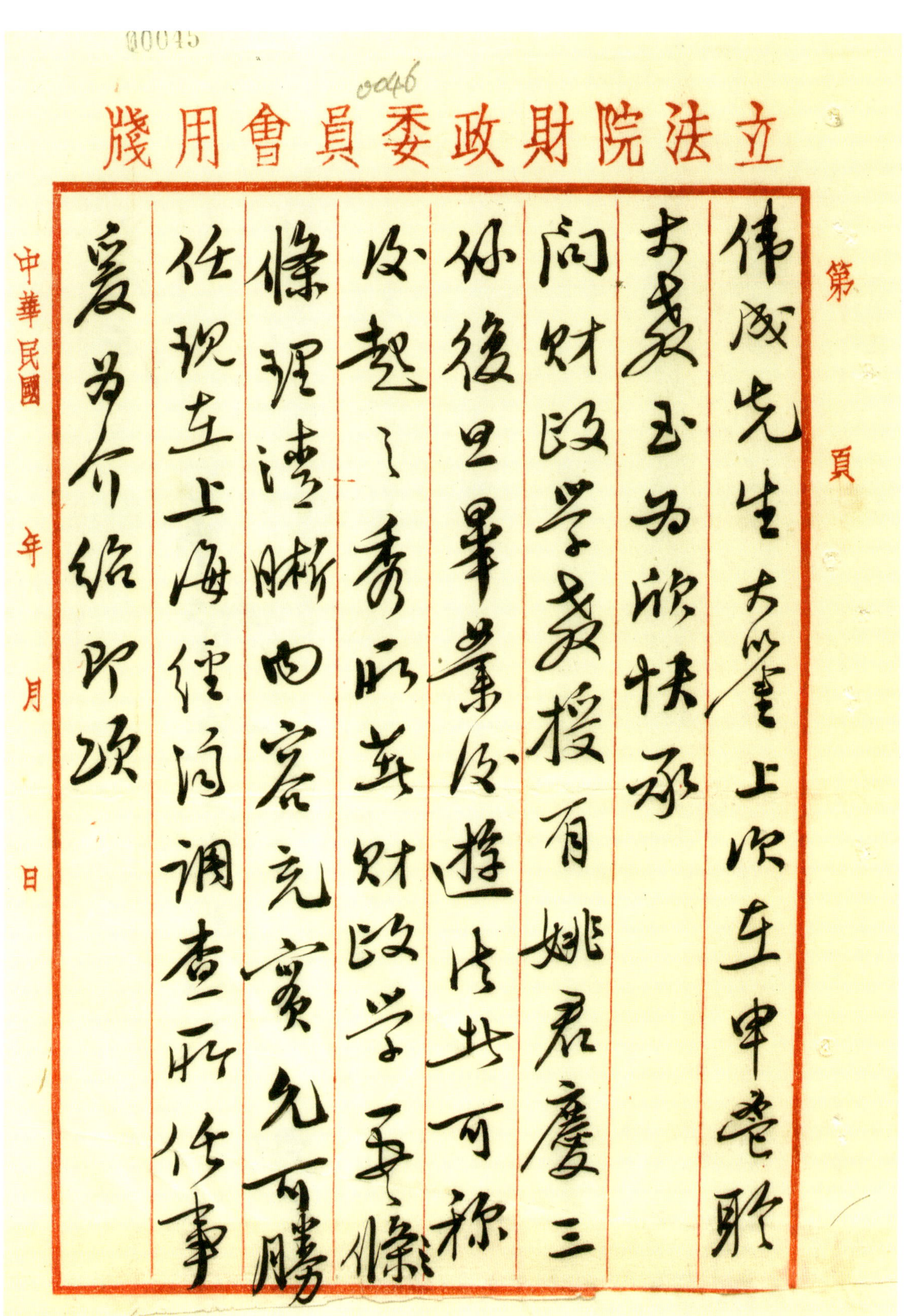

00045

0046

立法院財政委員會用牋

第　頁

偉成先生大鑒：上次在申叩聆
大教，至爲欣快。承
詢財政學教授，有姚君慶三
係復旦畢業，後遊法比，可稱
後起之秀。所著財政學要
條理清晰，内容充實，允可勝
任。現在上海經濟調查所任事，
爰爲介紹，即頌

中華民國　年　月　日

立法院財政委員會用牋

第　頁

炎祺

弟衛挺生啟

五月廿九三

中華民國　年　月　日

三三 李登辉致黎照寰函（一九三四年九月三日）

【录 文】

曜生吾兄先生赐鉴：

兹恳者，本学期敝校土木工程系材料实验一课教授需人。夙知贵校康时清先生学识俱富，极拟借重，每星期止三小时，当为先生所许可。敬乞示覆，至为感盼。敬颂

著安

弟 李登辉（钤印） 谨启

廿三年九月三日

（黎照寰批语：他试验工作有碍否？）

【作者简介】

李登辉

（1873—1947）

李登辉，字腾飞，福建同安人，教育家，复旦大学创始人之一。1899年获美国耶鲁大学文学学士。曾任商务印书馆特约编辑、中华书局总编辑。1905年起任复旦公学教授、教务长、校长。抗战期间，集留沪师生在租界内坚持复课，直至抗战胜利。著有《文化英文读本》等。

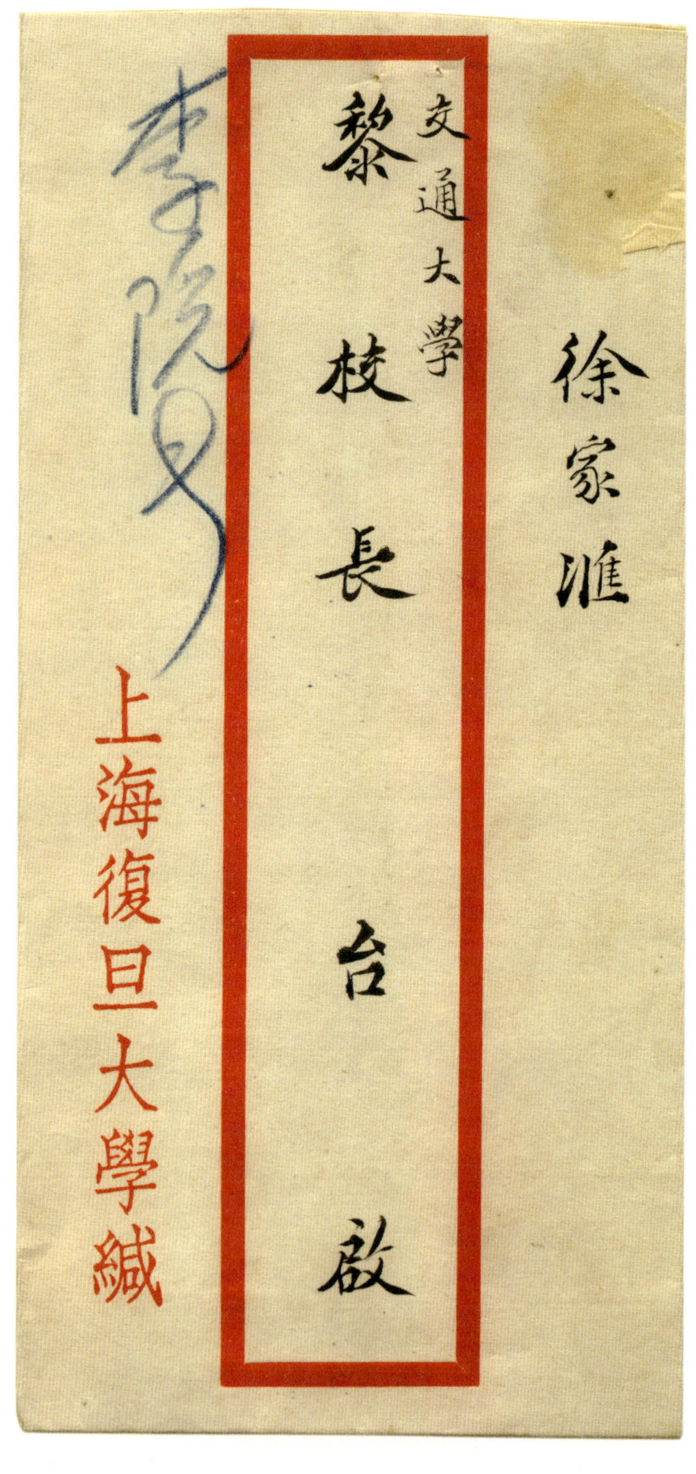
徐家滙
交通大學
黎校長台啟
上海復旦大學緘

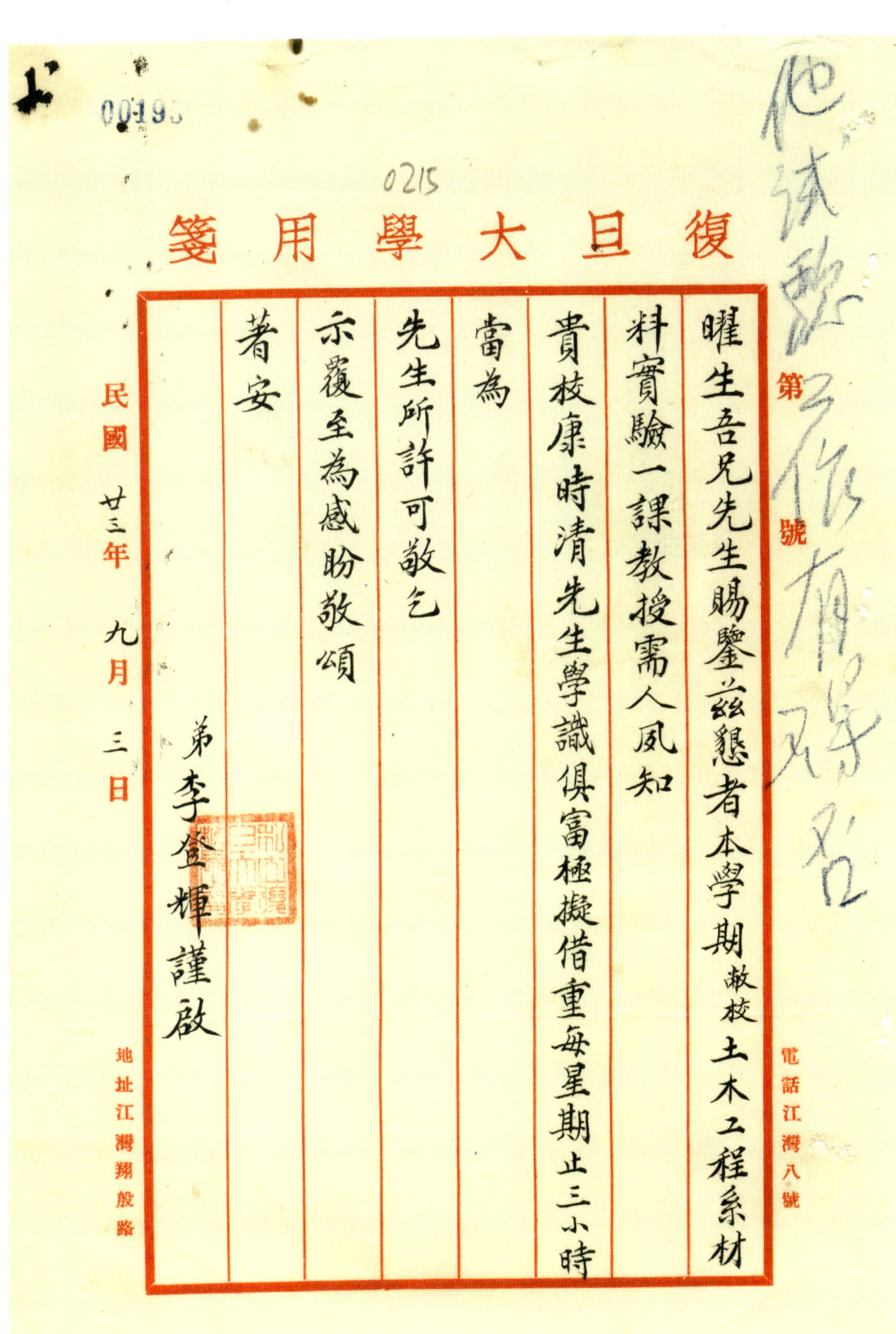
00193

0215

復旦大學用箋

第　號

曜生吾兄先生賜鑒：茲懇者本學期敝校土木工程系材料實驗一課教授需人，夙知貴校康時清先生學識俱富，極擬借重，每星期止三小時，當為先生所許可，敬乞示覆，至為感盼。敬頌著安

弟李登輝謹啟

民國廿三年九月三日

地址江灣翔殷路

電話江灣八號

他試驗可作有課否

三四 邵力子复黎照寰函（一九三四年九月六日）

【录 文】

照寰仁兄大鉴：

大椷诵悉，陕籍学生语言扞格，程度幼稚，自难勉强入校，致教学双方均感困苦。承示先行开班补习一节，具见关注之盛意。容俟与教厅商酌办理。专复。即颂

教安

弟 邵力子（钤印） 再拜

九月六日

【作者简介】

邵力子

（1882—1967）

邵力子，原名闻泰，字仲辉，笔名力子，浙江绍兴人，政治家、教育家。早年就读南洋公学，后留学日本。1922 年任上海大学副校长、代理校长，曾任黄埔军校秘书长、陆海空总司令部秘书长，甘肃省、陕西省主席，国民党中央宣传部部长等职。1949 年后任政务院政务委员、中苏友好协会副会长、民革中央常委。著有《邵力子文集》《苏联归来》等。

陕西省政府用笺

照寰仁兄大鉴：

大椷诵悉。陕籍学生孙云抒格程度幼稚，自难勉强入校，致教学进方均感困苦。承示先行附班补习一节，具见关注之盛意，当使与教务商酌办理。专复，即颂

教安

弟 邵力子

九、六、

三五 褚辅成致黎照寰函（一九三四年九月二十二日）

【录 文】

照寰先生左右：

敬启者，本院现拟添筑图书馆，扩充图书设备，为学生自由研究学术之所，其计画一项极关重要。素仰贵校图书馆主任杜定友先生学理精深，经验丰富，为吾国有数之图书馆学专家。敬恳台端赐予介绍，俾便派员晋谒，面承指教。本院前途实深利赖。专此布恳。顺颂

公绥

褚辅成 拜启

九月廿二日

【作者简介】

褚辅成

（1873—1948）

褚辅成，字慧僧，浙江嘉兴人。日本东洋大学高等警政科毕业。1905 年加入同盟会。曾任浙江省议会议长、浙江军政府参事。1917 年任护法国会众议院副议长。1927 年任浙江省民政厅厅长。抗日战争时期任国民参政会参政员。后任上海法学院院长。

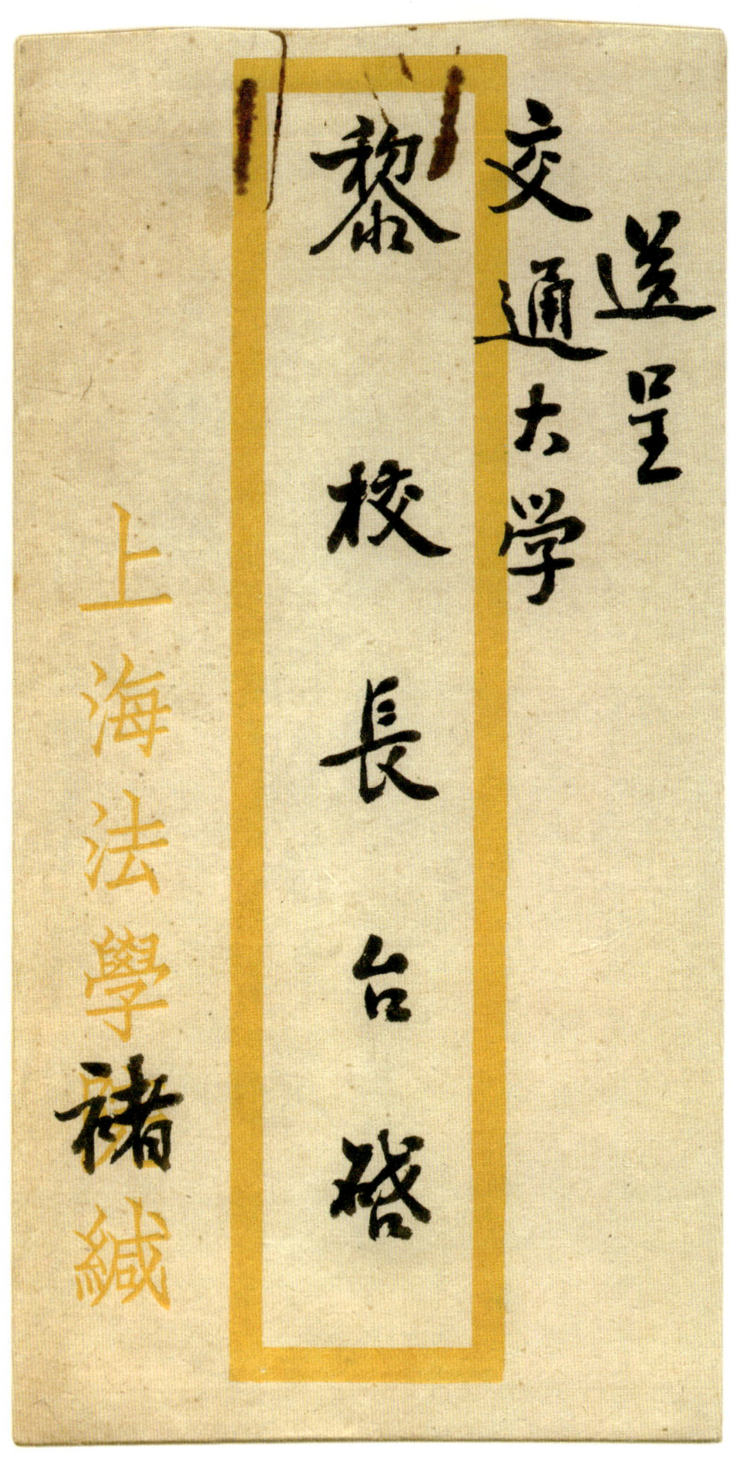
送呈
交通大学
黎校長台啓
上海法學院 褚緘

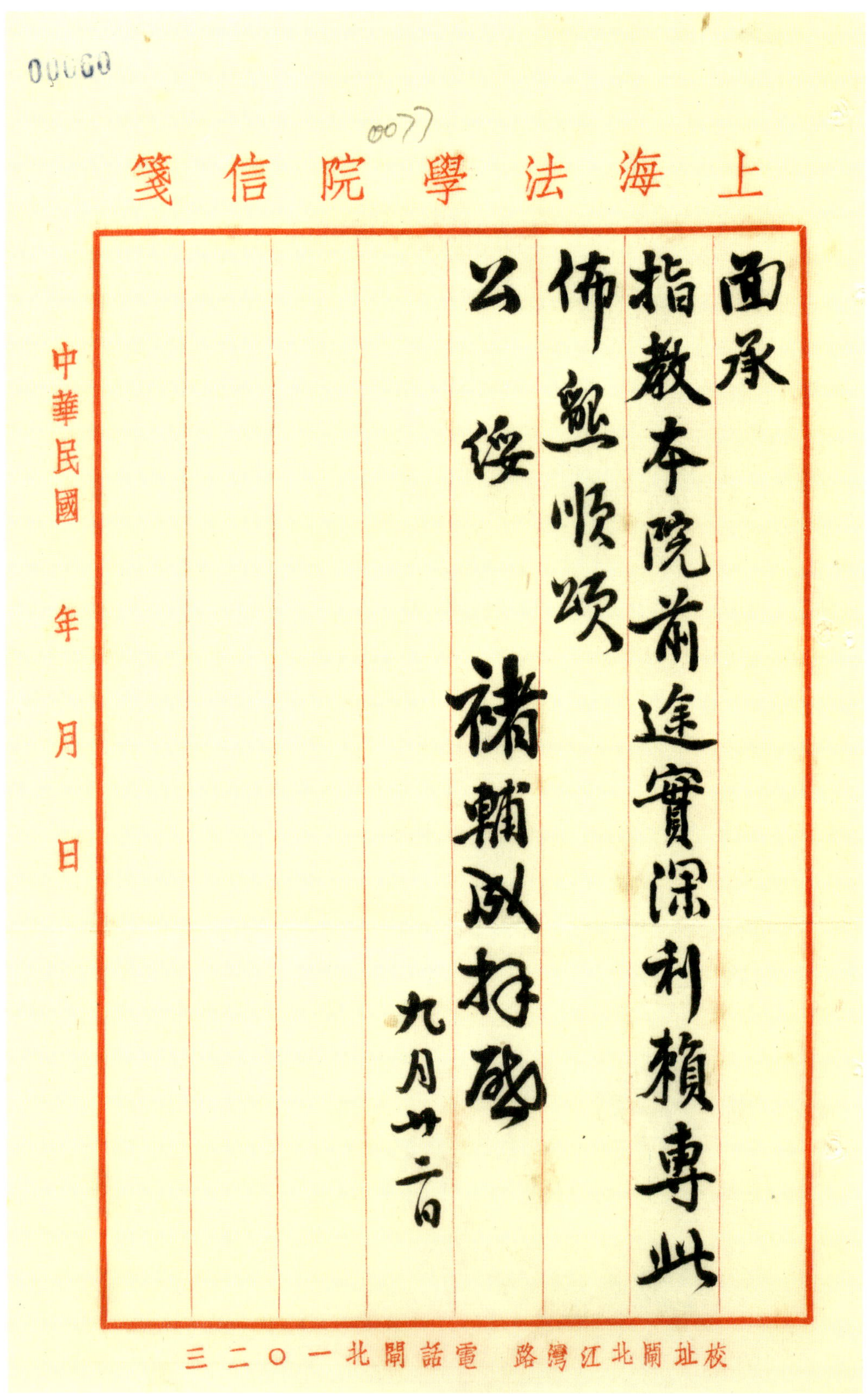

上海法學院信箋

面承
指教本院前途實深利賴專此
佈悃順頌
公綏
褚輔成拜啟
九月廿二日

中華民國　年　月　日

校址閘北江灣路　電話閘北一〇二三

上海法學院信箋

照寰先生左右敬啓者本院現擬添
築圖書館擴充圖書設備為学生
自由研究學術之所其計畫一项
極關重要素仰
貴校圖書館主任杜定友先生學
理精深經驗豐富為吾國有數
之圖書館學專家敬懇
台端賜予介紹俾便派員晉謁

中華民國　年　月　日

校址閘北江灣路　電話閘北一〇二三

三六 顾孟余复黎照寰函（一九三四年九月二十六日）

【录 文】

曜生吾兄大鉴：

奉廿四日手示，祗悉，全国经济委员会请开设汽车机械工程学系一节，现在交大经费万难再增，必须由该会补助经常经费方可筹办，尚祈台洽。顺颂

教祺

弟 顾孟余

九月廿六日

【作者简介】

顾孟余

（1888—1972）

顾孟余，原名兆熊，浙江上虞人，政治家。毕业于德国柏林大学。曾任北京大学教务长、广东大学校长、国民党中央宣传部长、铁道部长、中央大学校长等职。1969年7月赴台湾，任“总统府”资政。著有《马克思学说》等。

00152

0168

曜生吾兄大鑒：奉廿四日

手示祗悉。全國經濟委員會請開設

汽車機械工程學系一節，現在交大經

費萬難再增，必須由該會補助經常

經費，方可籌辦。尚祈

台洽。順頌

教祺。

弟　顧孟餘

九、廿六

鐵道部用箋

三七 杜月笙致黎照寰函（一九三四年九月三十日）

【录 文】

曜生校长道席：

兹有恳者：敝友高君之子天麟，肄业贵校土木工程科二年级，此次因病旷课过多，学业不免欠缺。闻本学期考绩得五十九·五四，相去有限。该生家境维艰，此次实因病延，情尚可原，可否推爱，予以通融，仍准升级试读，以励勤奋。如蒙俯允，则感荷云情，不仅该生已也。耑恳。即颂

道绥

弟 杜镛（钤印） 顿首

九月卅日

（注：1934年10月3日黎照寰校长复函杜月笙，称“高生在校一、二年级不及格科目尚多，格于校章，未便通融办理，且为该生学业计，似仍以留级为宜”。）

【作者简介】

杜月笙

（1888—1951）

杜月笙，名镛，上海浦东人，近代上海青帮首领之一。曾任上海市地方协会会长、中汇银行董事长、法租界公董局华董、上海棉布交易所经理、国民政府军委会少将参议等。1941年在重庆建立恒社总社、中华实业信托公司。1948年为“国大”代表。新中国成立后去香港。

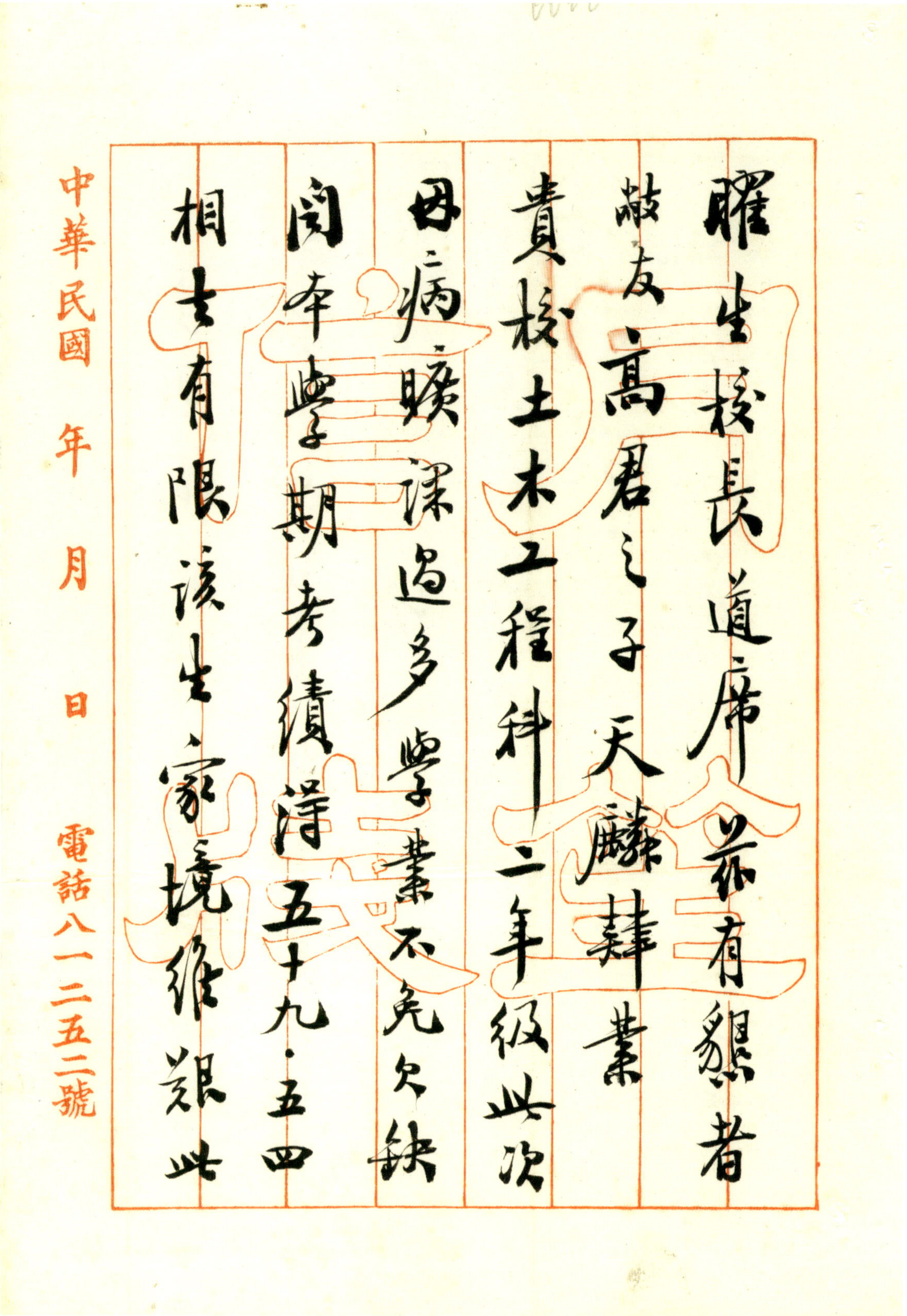

曜生校長道席，茲有懇者：
敝友高君之子天麟肄業
貴校土木工程科一二年級，此次
因病曠課過多，學業不免欠缺，
閱本學期考績得五十九·五四，
相去有限，該生家境維艱，此

中華民國 年 月 日 電話八一一二五二號

次。實因病延，情尚可原，可否推愛予以通融，仍准升級試讀，以勵勤奮。如蒙俯允，則戴荷雲情，不僅該生已也。耑懇，即頌

道綏

弟杜鏞　九卅

中華民國　年　月　日　電話八一一二五二號

三八 任鸿隽复黎照寰函（一九三四年十月十八日）

【录 文】

曜生先生道鉴：

奉十五日来示，并文化调查表拟稿一份，敬悉一一。中山文化教育馆此次拟行文化调查函，不识其目的安在？若目的在粗知国内教育文化机关之数目，则每类就其总机关一为调查即得（如教育一类，向教育部要得各类学校之统计表，即可得其大概）。如目的在确定某种机关对于现今文化有何贡献，则非向各机关作个别调查不可（如欲知交通技术之教育，非向贵校作详细之调查，不能得其梗概）。弟因不知中山文化馆之目的所在，故不敢妄贡意见，但就来稿略为增注数项，以供先生及该馆同人之参考。如何之处，仍请酌定为幸。来稿敬以奉还，涂乙之处，谅不为罪。匆复。敬颂

秋祺

弟 鸿隽 顿首

廿三年十月十八日

【作者简介】

任鸿隽

（1886—1961）

任鸿隽，字叔永，四川巴县人，化学家、教育家，中国现代科学奠基人之一。1908 年留学日本。回国后曾任南京临时政府总统府秘书。1914 年发起成立中国科学社，任董事长兼社长，编有《科学》杂志。历任北洋政府教育部专门教育司司长、四川大学校长等职。著有《科学概论》等。

上海徐家滙
交通大學
黎校長
掛號
中華教育文化基金董事會緘
PEIPING

曜生先生道鉴：奉十五日

來示並文化調查表擬稿一份，敬悉。一、中山文化

教育館此次擬行文化調查，不詳其目的安在。若目的在

粗知國內教育文化機關之數目，則每類就其總機

關一為調查即得（如教育一類向教育部要得各類學

校之統計表即可得其大概）；如目的在確知某種機關

對於現今文化有何貢獻，則非向各機關作個別調查

不可（如對交通大學技術之教育，必向貴校作詳細

中華教育文化基金董事會信箋

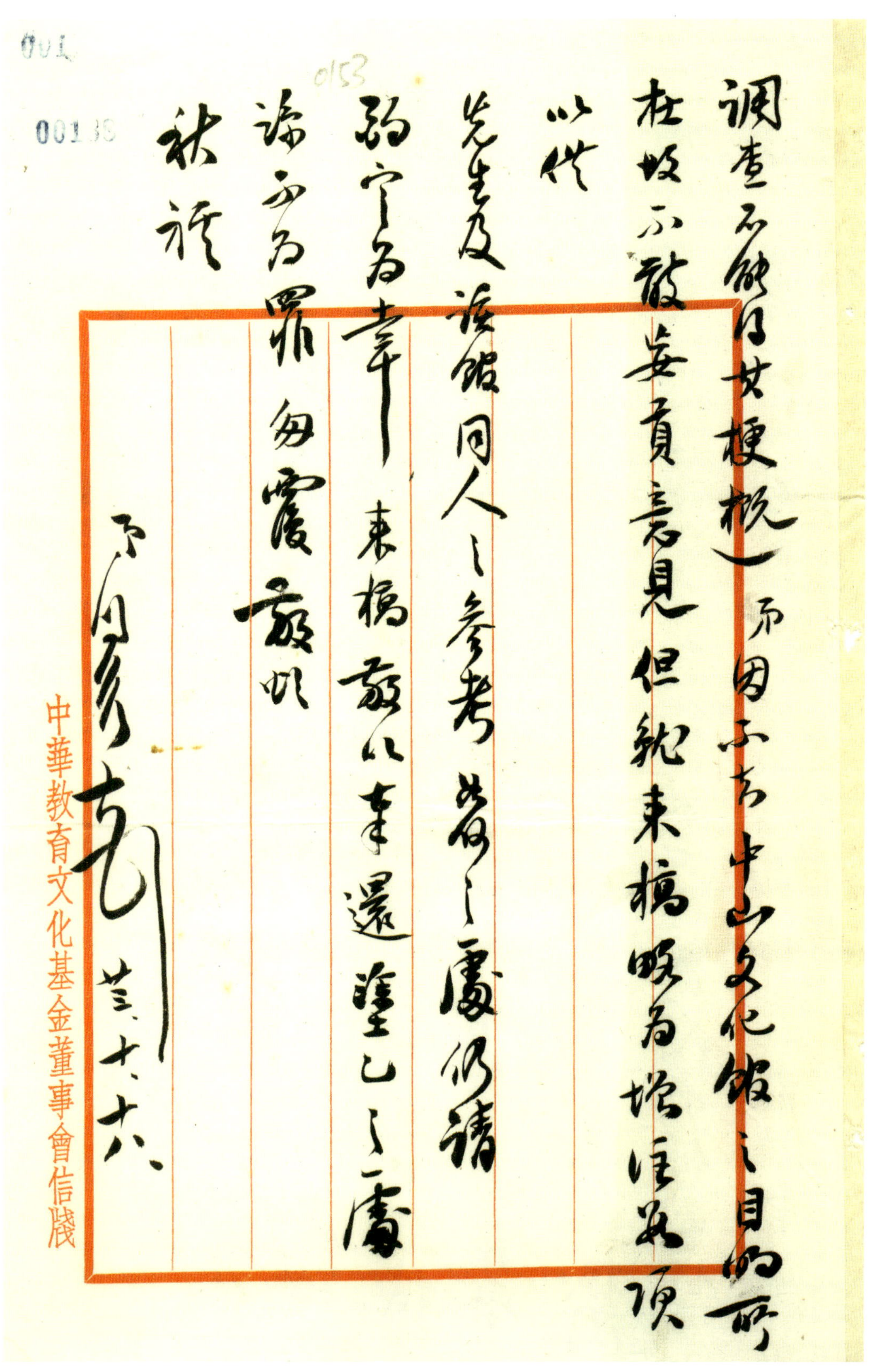

調查，不能得其梗概）不因不知中山文化館之目的所在，故不敢妄貢意見，但就來稿略為增注數項，以供
先生及該館同人之參考，若何之處，仍請
酌定為幸。來稿敬以奉還，遲延之處，
諒不為罪。匆覆，敬頌
秋祺

弟[illegible]　廿、十、十八

中華教育文化基金董事會信箋

三九 郭秉文致黎照寰函（一九三四年十月二十六日）

【录 文】

曜生吾兄校长左右：

日前承嘱物色人才。兹有戴君葆鎏，係沪江大学政治学士，美国约翰霍布金大学哲学博士，曾任霍布金大学讲师，并在我国驻英使馆服务。据刘湛恩兄说，其中西文学两均优长。谨介绍晋谒，乞进而教之。亟幸。祇颂

道安

弟 郭秉文（钤印） 敬启

廿三年十月廿六日

（黎照寰批语：“粤人，可留核。”）

【作者简介】

郭秉文

（1880—1969）

郭秉文，字鸿声，江苏江浦人，教育家。1914 年获哥伦比亚大学哲学博士，1915 年任南京高等师范学校教授兼教务主任，1921 年任东南大学首任校长。后任华美协进社社长、联合国善后救济总署副署长。晚年创办中美文化协会。著有《中国教育制度沿革史》《中国近代教育之进步》等。

曜生吾兄校长左右日昨承

嘱物色人才兹有戴君荣鋆系沪江

大学政治学士美国约翰霍布金大学

哲学博士曾任霍布金大学讲师并在

我国驻英使馆服务极(?)[illegible]休(?)息久说(?)贵中

西文学系切(?)需(?)[illegible] 吾(?)兄(?)谨介绍晋谒乞

赐进而教之是幸祇颂

道安

弟 郑[illegible]文 敬启 十一.廿六

四十　黄旭初复黎照寰函（一九三四年十一月八日）

【录　文】

照寰校长道席：

顷奉惠翰并投考须知五册，敬悉一是。敝省学生升学准备，远荷关注，锡以津梁，无任感纫。除将投考须知转发各高中，并饬切实注意外，专此布复。并颂

铎安

黄旭初（钤印）　拜启

十一月八日

【作者简介】

黄旭初
（1892—1975）

黄旭初，广西容县人，新桂系巨头之一。1912年后先后入广西陆军速成学校、北京陆军大学，毕业后赴日本留学。历任广西陆军第一军参谋长，国民革命军陆军第十五军军长、广西省政府主席。著有《八桂忆往录》。

0073

照寰校長道席：頃奉

惠翰並投考須知五冊，敬悉一是。敝省學

生升學準備，遠荷

關注，錫以津梁，無任感級。除將投考須知

轉發各高中並飭切實注意外，專此佈復，

并頌

鐸安

黃旭初拜啓　十一、八

廣西省政府用箋

四一 席德懋复黎照寰函（一九三四年十一月十日）

【录 文】

照寰先生大鉴：

昨奉手书，敬悉一切。贵校募建图书馆书库，拟嘱敝行代收捐款一节，自可照办。请即以正式公函委托，并派员来敝行接洽手续可也。专此奉复，祇颂

台绥

弟 席德懋 谨启

十一月十日

【作者简介】

席德懋

（1892—1952）

席德懋，字建侯，江苏吴县人，银行家。南洋公学毕业。曾获英国伯明翰大学商学硕士学位，历任上海华义银行经理、中央银行外汇局局长、业务局局长。1948年春任中国银行官股董事、总经理。

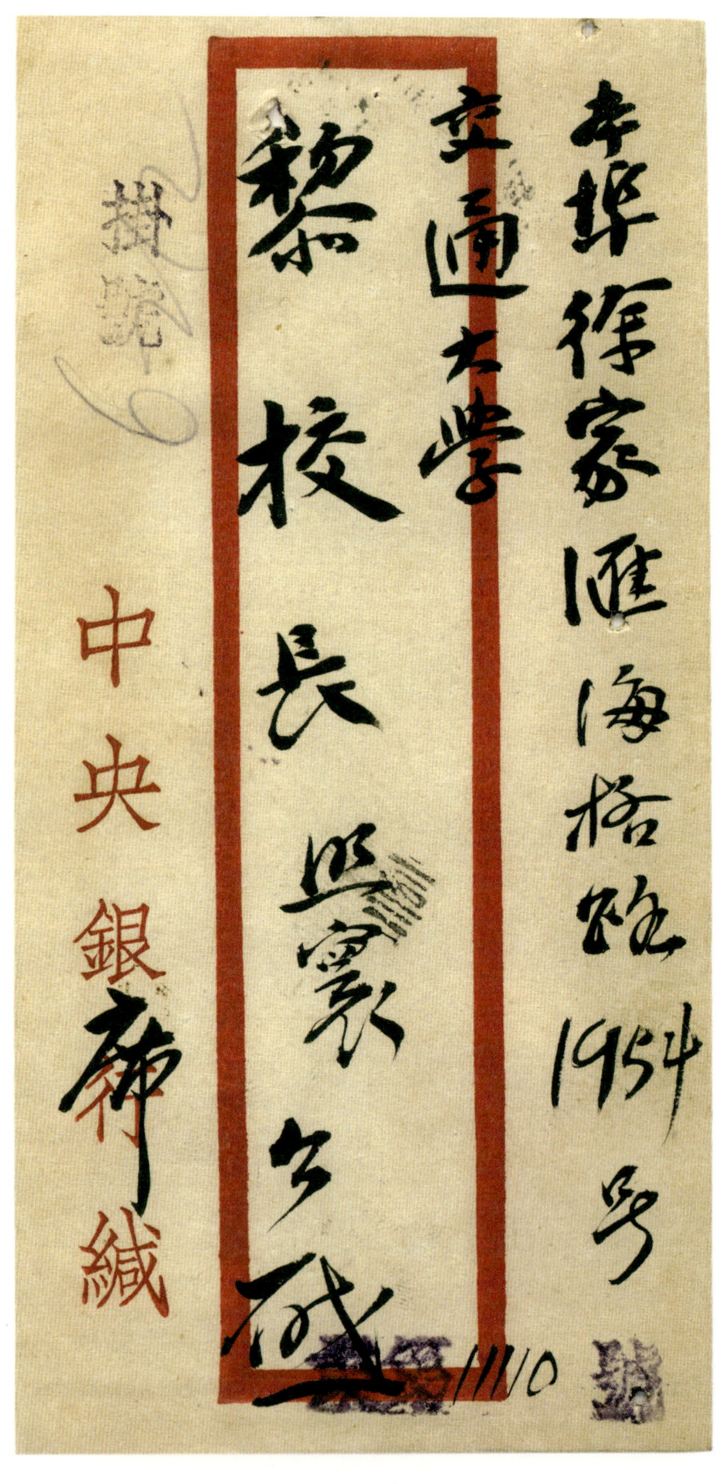
本埠徐家匯海格路1954号
交通大學
黎校長
掛號
中央銀行緘
1110

中央銀行用箋

字第　號第　頁

地址上海黃浦灘路十五號

照憲先生大鑒：昨奉
手書，敬悉一切。貴校募建圖書館書庫，
擬將敝行代收捐款一節，自可照辦，請即
以正式公函委託，并
派員來敝行接洽手續可也。專此奉復，
並頌
台綏

弟 席德懋 謹啟

十六、十

電話總機一二五七〇至一二五七九

有無線電報掛號（菱）五三五三 "Governbank" Shanghai

四二 唐庆诒致黎照寰函（一九三四年十一月十四日）

【录 文】

曜公校长钧鉴：

久违麈教，时切驰思。日前粹士兄来锡时，述及先生雅意殷拳，至深感篆。三星期前诒到沪，请王仲奇医生复诊，称身体已大半康复，惟目下尚不宜用心云云。为特敬恳校长赐予续假三月，俾资休养，以竟前功，不胜感祷。除托粹士兄转达谢忱外，专此函肃，尚乞钧准是幸。

敬请

钧安

唐庆诒 谨肃

十一月十四日

（黎照寰批语：准。十一，十六。）

【作者简介】

唐庆诒

（1898—1986）

唐庆诒，江苏太仓人，英语语言学家。1901年考入南洋公学，1918年毕业于美国比伊洛大学，1920年获哥伦比亚大学硕士学位。曾长期任交通大学外文系主任，兼任光华大学、大夏大学、震旦大学、无锡国学专修学校教授。编有《南游日记》《近代英文名著选》等。

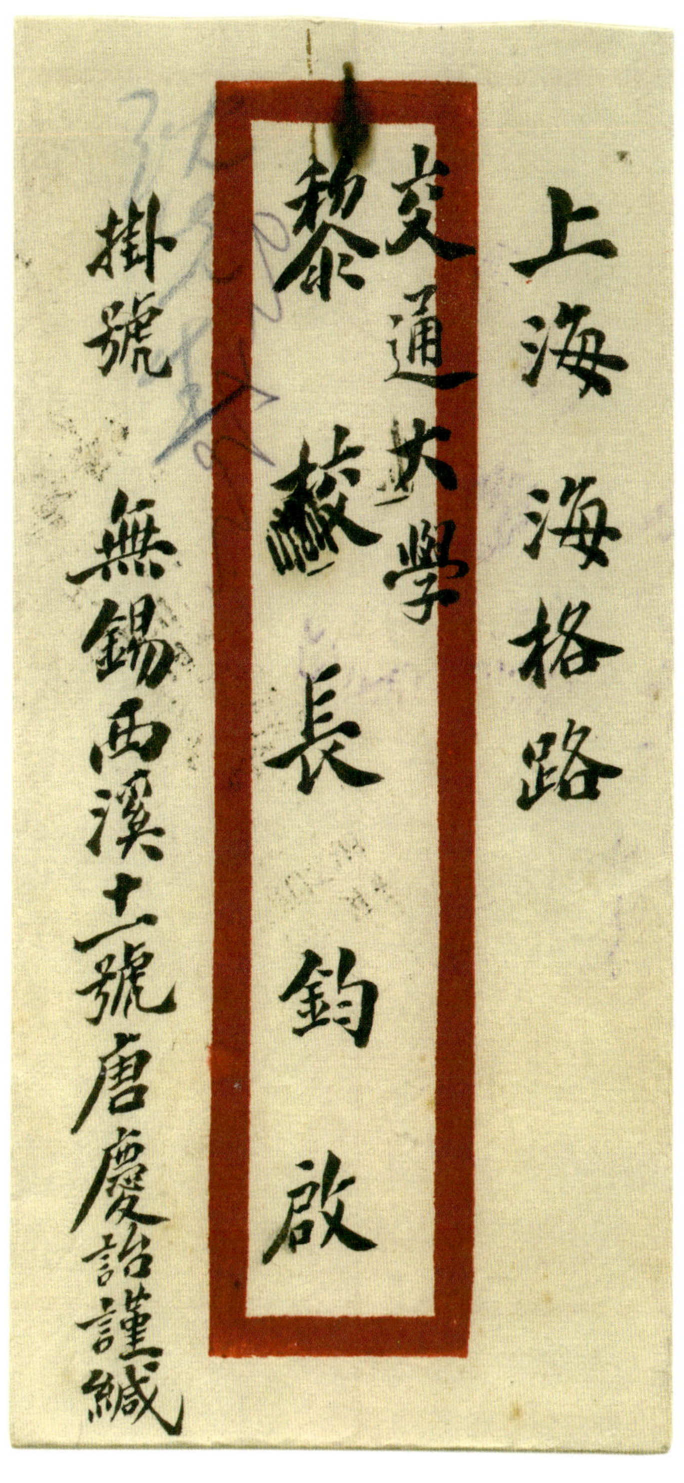
上海海格路
交通大學
黎校長鈞啟
掛號
無錫西溪十一號唐慶詒謹緘

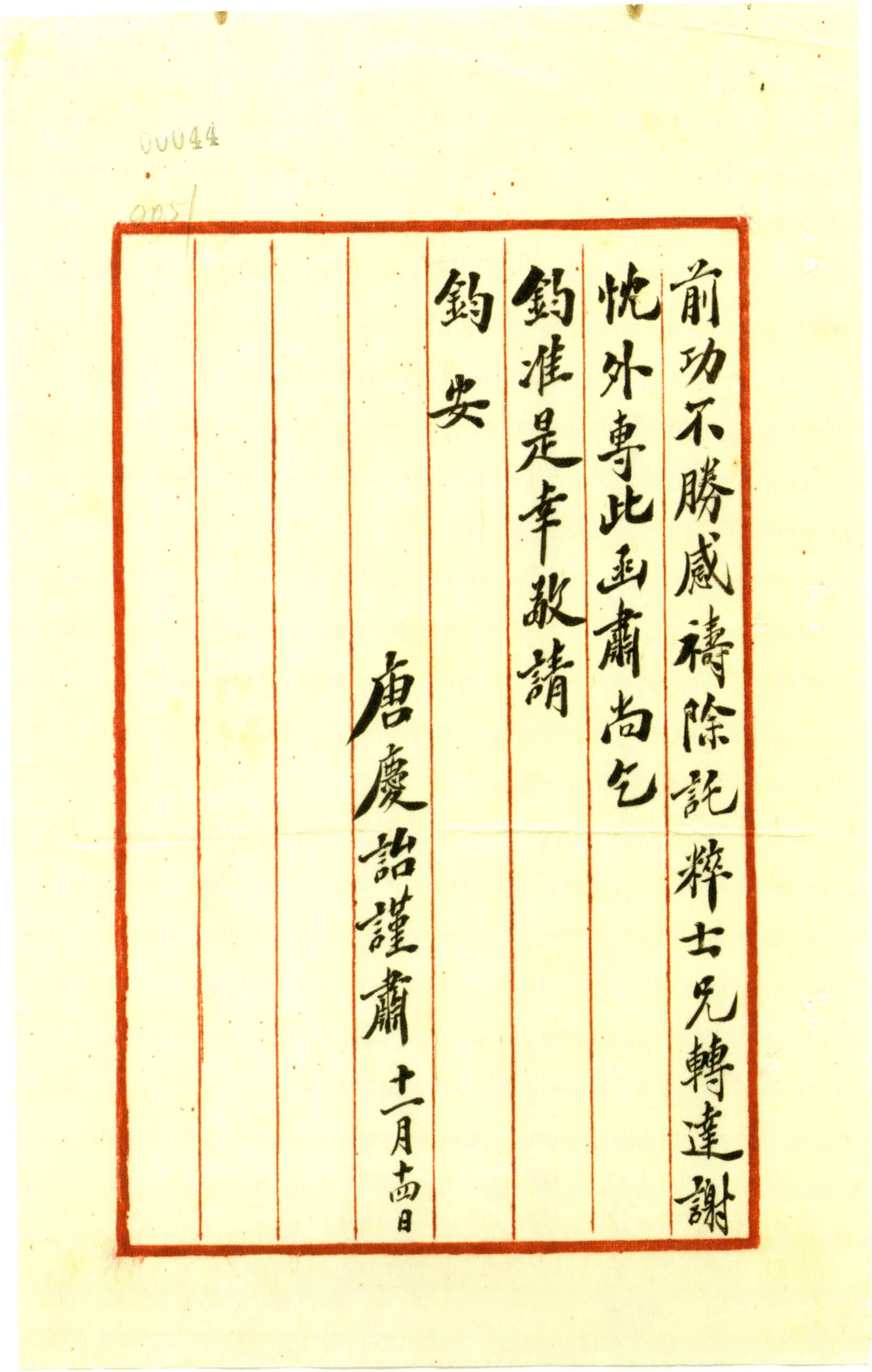

前功不勝感禱除託粹士兄轉達謝
忱外專此函肅尚乞
鈞准是幸敬請
鈞安
唐慶詒謹肅　十一月十四日

准去文

曜公校長鈞鑒：久違

塵教，時切馳思。日前粹士先來錫時

述及

先生雅意殷拳，至深感篆。三星期前詒

到滬請王仲奇醫生復診，稱身體已

大半康復，惟目下尚不宜用心云云。為

特敬懇

校長賜與續假三月，俾資休養，以竟

四三　杭立武复黎照寰函（一九三五年一月十二日）

【录 文】

曜生先生大鉴：

台教诵悉一是。关于斯曲克兰教授讲演日期，原定二月廿一日上午。现贵校对此时间感觉不便，已遵来示，代为接洽，改于是日（即二月廿一日）下午七时。特此布复。敬颂

教绥

弟　杭立武（钤印）拜启

元月十二日

（黎照寰批语：函复：当该教授来沪时，已面洽改订二月二十五上午来讲。寰，一，十四。）

【作者简介】

杭立武

（1904—1991）

杭立武，安徽滁州人。1923年毕业于金陵大学。1925年赴英国伦敦大学留学，1929年获伦敦大学博士学位。1932年创办中国政治学会，兼任总干事。1933年成立中英文化协会，任秘书长。后任教育部常务次长、驻联合国教科文组织首席代表、教育部部长。著有《访英简笔》《中华文物播迁记》等。

管理中英庚款董事會

第　　號

曜生先生大鑒：

台教誦悉一一是。関於斯曲克蘭教授講演日期原訂二月廿一日上午，現貴校對此時間感覺不便，已遵來示代為接洽改於是日（即二月廿一日）下午七時。特此佈復，敬頌

教綏

弟杭立武拜啓

二月十六

中華民國　年　月　日

因當時該教授未抵滬時已函洽改於二月廿三日上午未講 [illegible]

四四　马寅初致黎照寰函（一九三五年九月三日）

【录　文】

曜生校长先生道鉴：

黄宝桐兄从弟三年，成绩冠全班，于数学统计一门研究有素，言其人品循规蹈矩，五六年来未闻其有何越轨之举。毕业以后充弟助教，担任笔记，透达清楚。此人似应再加栽培，使成全才。可否予以出洋留学之机会？回国以后，当令其有在校担任教授数年为交换条件。未识校方有无派生出洋之计划？甚愿闻之，余不尽言。专此。顺颂

道绥

弟　马寅初　拜启

二十四年九月三日

（黎照寰于信封上批语：文书暂存。）

【作者简介】

马寅初

（1882—1982）

马寅初，浙江嵊县人，经济学家。1906 年留学美国，获耶鲁大学经济学硕士、哥伦比亚大学经济学博士学位。先后在北京大学、中央大学、交通大学等校任教，曾任北京大学经济系主任、教务长，中国经济学社社长，重庆大学商学院院长，国民政府立法委员。新中国成立后任浙江大学、北京大学校长。著有《中华银行论》《马寅初经济论文集》等。

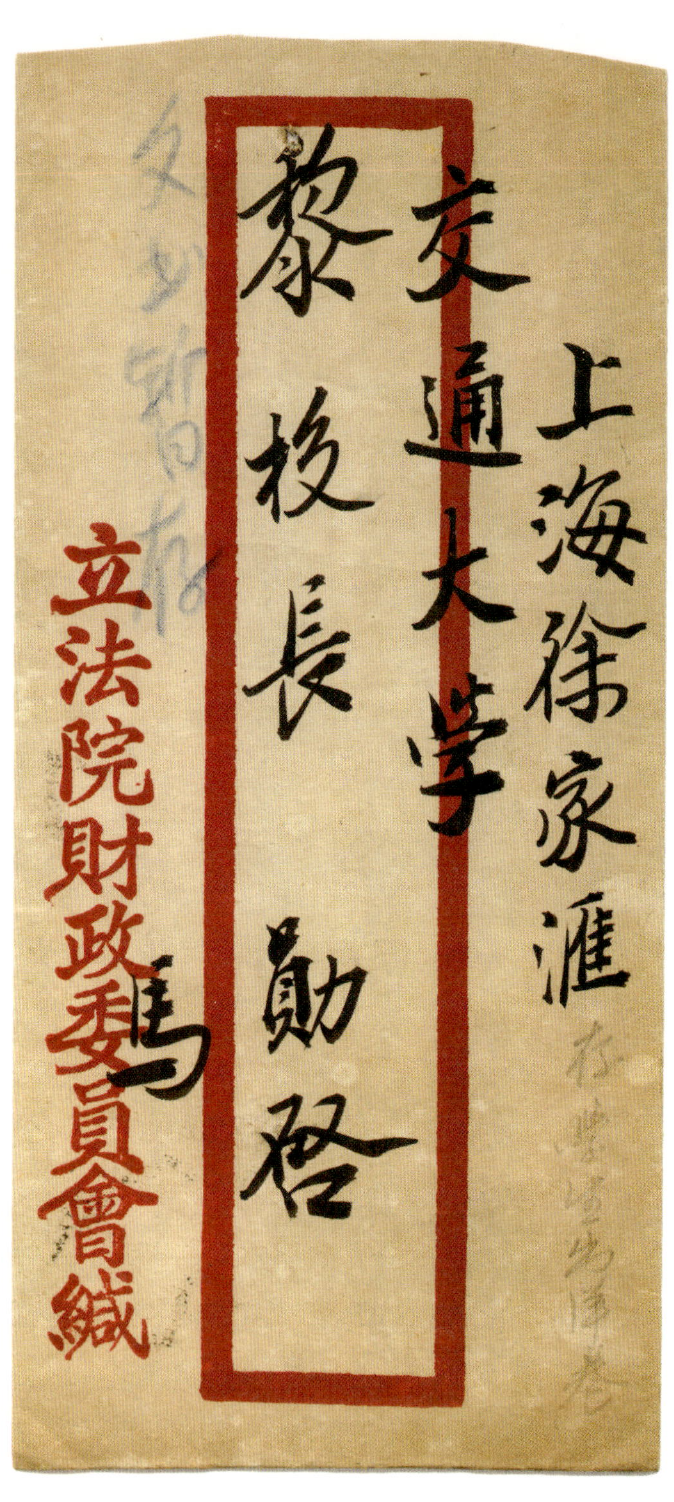
上海徐家滙
交通大学
黎校長 勛啓
立法院財政委員會緘
馬

立法院財政委員會用箋

第　頁

曜生校長先生道鑒：黃贊桐兄從第三年成績冠全班，於數學統計一門研究有素，言其人品循軌蹈矩，五六年來未聞其有何越軌之舉。畢業以後充弟助教，担任筆記，透達清楚。此人似應予加栽培，使成全才，可否予以出洋留學之機會，回國以後當令其在校担任教授數年，為交換條件。未識校方有無派生出洋之計劃，甚願聞之。餘不盡言。專此，順頌

道綏

弟馬寅初拜啓

中華民國二十四年九月三日

四五　马君武复黎照寰函（一九三五年十二月二十一日）

【录　文】

照寰校长台鉴：

大函敬悉。廿三日已应暨南何校长之约，前往真茹（如）。谨遵命于本月三十日赴贵校参观，并领大教。谨以奉闻，即颂

教祺

弟　马君武　敬覆

十二月廿一日

【作者简介】

马君武

（1881—1940）

马君武，字厚山，湖北蒲圻人，政治活动家、教育家。曾留学日本京都大学、柏林工艺大学，获博士学位。历任中华民国临时政府实业部次长、广西省省长、北洋政府司法总长、教育总长。后淡出政坛，先后担任大夏大学、北京工业大学、中国公学、广西大学等校长。著有《马君武先生集》等。

照宸校長台鑒：

大函敬悉。廿三日已覆暨南何校長之約，前往真如，謹遵

命。於本月三十日赴

貴校參觀，並領

大教。謹此奉聞，即頌

教祺

弟馬君武鞠躬

十一月廿七日

上海國貨公司兒童樂園出品

四六 罗家伦复黎照寰函（一九三六年一月十二日）

【录 文】

曜生先生校长道鉴：

顷奉惠教，敬悉一是。承询京中拟设之工程研究院（Academy of Engineering），系教育部所办，为一高级职业学校，与敝校并无关系。诸承关注，无任纫感，专此奉复。顺颂

教祺

弟 罗家伦 敬启

一月十二日

（黎照寰于信封上批语：罗主任函贺谢。）

【作者简介】

罗家伦

（1897—1969）

罗家伦，字志希，浙江绍兴人，教育家。早年赴美留学，1922 年起又相继留学英、德、法等国。1928 年任清华大学校长。后任国民革命军总司令部参议、武汉大学历史系教授、南京中央政治学院教育长、中央大学校长、“考试院”副院长、“国史馆”馆长等职。著有《新人生观》《逝者如斯集》等。

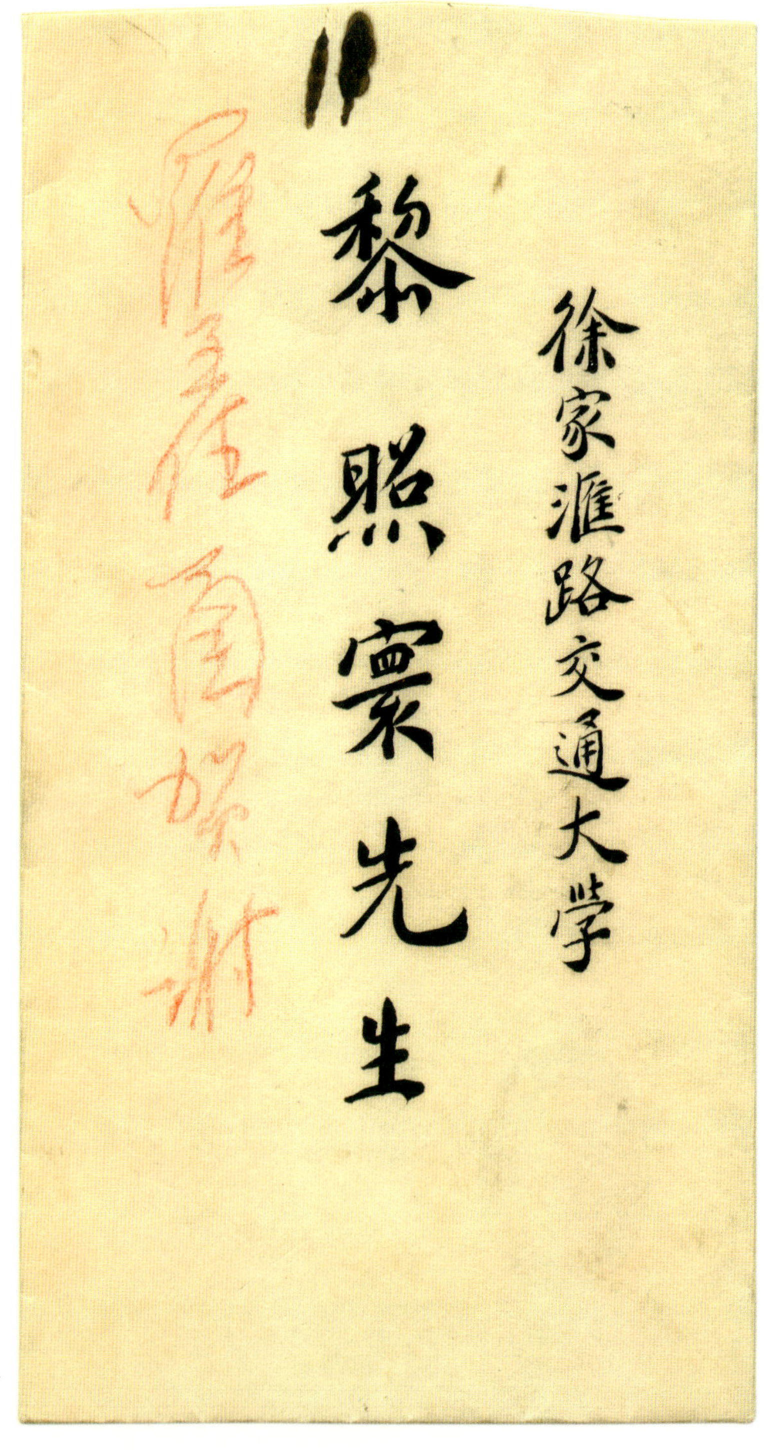
徐家滙路交通大学
黎照寰先生

國立中央大學校長室用箋

曜生先生校長道鑒頃奉

惠教敬悉一是承

詢京中擬設之工程研究院 Academy

of Engineering 係教育部所辦為一高

級職業學校與敝校並無關係諸承

關注無任紉感專此奉復順頌

教祺

羅家倫 十六

四七　竺可桢复黎照寰函（一九三六年四月六日）

【录 文】

曜生先生道鉴：

昨获所赐书，嘱于本月拾日至贵校演讲。弟自维学识浅陋，但既荷宠召，敢不承命。题为“民族复兴与历史”，演讲时间约半小时。专此敬复，并颂

近安

弟　竺可桢顿首

廿五年四月六日

【作者简介】

竺可桢

（1890—1974）

竺可桢，字藕舫，浙江上虞人，气象学家、教育家。1909 年毕业于唐山路矿学堂后赴法留学，1918 年获得博士学位回国。1936 年后长期任浙江大学校长。新中国成立后，曾任中国科学院副院长，中国气象学会名誉理事长、中国地理学会理事长等职。著有《气象学》等。

國立中央研究院氣象研究所用箋

字第　號第　頁

曜生先生道鑒：昨獲函悉。囑于本月拾日至貴校演講，中自維學識淺陋，但既荷寵召，敢不辭命。題為民族復興與歷史，演講時間約半

中華民國廿五年四月六日

南京北極閣

國立中央研究院氣象研究所用箋

字第　號第　頁

小時惠安敬頌并坎

近安

弟

竺可楨

中華民國廿年四月六日

南京北極閣

四八 沈叔逵复罗君惕函 （一九三六年五月七日）

【录 文】

君惕先生：

手书敬悉。特班实数约四十人。弟能追忆者如左：黄炎培（任之）、穆湘瑶（恕斋）、彭清鹏（云伯）、钟枚（璞丞）、贝寿同（季眉）、项骧（伟人）、魏斯煜、吴顺源、吴家（？）羔、邵力子、吴叔田、陆梦熊（渭渔）。黄任之保存特班师生全体照片一张，背后记人名极详。数年前，任之招集同班在半泾园举行聚餐，蔡孑民先生亦到会。此事最好问任之，必能得其详备也。此复。敬请

道安

弟 沈叔逵 顿首

五月七日

【作者简介】

沈叔逵

（1870—1947）

沈叔逵，原名庆鸿，笔名心工，上海市人，音乐教育家，学堂乐歌的代表人物之一。1897 年考入南洋公学师范班。1901 年赴日本留学。1903 年回国，先后在南洋公学附属小学、龙门师范学校任教，长期任交通大学附小主任。作有《黄河》《学校唱歌集》等。

徑園舉行聚餐蔡孑民先生亦到会此
事最好問任之必能得其詳備也此覆

敬請

道安

弟沈琳達頓
五月七

歸鶴軒用箋

君協先生：手書敬悉。特班實數約四十人，可能追懷者九名：

黃炎培 任之　穆湘瑤 恕齋　彭清鵬 雲伯

鍾枚 璞岑　貝壽同 季眉　項驤 偉人

魏斯煜　吳順源　吳家煦

邵力子　吳姓田　陸夢熊 渭漁

黃任之保存特班師生全體照片一張，皆後人註名極詳。數年前任之招集同班在半

歸鶴軒用箋

四九　蔡元培复黎照寰函（一九三六年五月十五日）

【录　文】

曜生先生大鉴：

奉惠函，属为交大四十年纪念册作文，谊不容辞，但题目不易觅。弟欲记述经济特班，全称为经济特班，简称特班。始末（即弟在南洋公学任教员时开办、而未久即解散者），大约在清光绪辛丑、壬寅、癸卯等年，即西历一九〇一至一九〇三等年，但所忆不完。如蒙饬文书处检抄几条，不胜感荷。弟所欲检者：

（一）特班生名册，如有详细履历更好。如档案中有特班之组织法及教学法，亦祈抄示。

（二）特班之开学期及解散期。

（三）特班惟有两教员，一任讲授，即弟。其一任训育，初延赵从蕃君，后改延王舟瑶君。其名称及交替年月，亦请查示。

（四）沈曾植监督（其时之监督，即今之校长）离校及汪凤藻监督莅校之年月。

专此奉托，并颂

著安

弟　蔡元培　敬启

五月十五日

【作者简介】

蔡元培

（1868—1940）

蔡元培，字鹤卿，号孑民，浙江绍兴人，民主革命家、教育家、思想家。1901 年任教南洋公学特班，1904 年与陶成章等组织光复会，次年参加同盟会。1907 年赴德留学。1912 年回国任南京临时政府教育总长，1917 年任北京大学校长。1927 年后历任国民政府大学院院长、中央研究院院长等职。1931 年“九一八事变”后与宋庆龄、鲁迅等组织中国民权保障同盟。1940 年在香港病逝。

全稱爲經濟特班，簡稱特班

國立中央研究院用牋

曜生先生大鑒：奉

惠函，嘱爲交大四十年紀念作文，誼不容辭。但題目不易覓，弟欲記述經濟特班始末（即弟在南洋公學任教員時開辦者，而未久即解散，大約在清光緒辛丑、壬寅、癸卯等年，即西歷一九〇一至一九〇三等年），但所憶不完，如蒙

飭文書處檢抄或借，不勝感荷。弟所欲檢者：

（一）特班生名冊，若有詳細履歷更好

其時之監督即今所謂校長

國立中央研究院用牋

其學堂中有特班之組織法及教學法亦祈 指示。

（二）特班之開學期及解散期

（三）特班惟有兩教員，一任講授，即弟也；其一任[illegible]訓育，初延趙從蕃君，後改延王舟瑤君，其名籍及交替年月亦請查示

（四）沈曾植監督離校及汪鳳藻監督治校之年月

專此奉託，並頌

著安

弟蔡元培敬啟　五月十五日

五十 程孝刚致黎照寰函（一九三六年六月六日）

【录 文】

曜生校长吾兄大鉴：

违教数月，系念良深，比想动定绥和为颂。兹恳者，部中现拟设中央铁路机厂于株州（洲）。弟以菲才将任筹备之责，大约月内即将成立筹备处，进行一切。处内拟设总务、工事两课。总务课长一席，拟请柯箴心担任。惟箴心兄在校职务亦极重要，本不便率尔请求，无奈人才难得，如箴心兄之精细干练者，尤不易物色。好在学校即将放暑假，本年事务当然作一结束。拟请惠予慨诺，俾免旁求。一俟此间款项领到，组织成立，即由部调箴心兄到处服务。想夙荷同情，当必能慨然允许也。专此。敬颂

教安

弟 程孝刚 顿首

六月六日

【作者简介】

程孝刚

（1892—1977）

程孝刚，字叔时，江西宜黄人，教育家。中国科学院首届学部委员。1912 年赴美留学，1917 年获美国普渡大学硕士学位。历任津浦铁路局机务处长、株洲机厂筹备处长，军事委员会工程委员会机务处长，交通部技监兼技术研究所筹备主任等职。1947—1948 年任交通大学校长。1949 年后，任交通大学教授、副校长。

62

兄之精細幹練者尤不易物色，好在學校即將放暑假，本年[illegible]一結束，擬請

惠予慨諾，俾免旁求。一俟此間款項領到，組織成立，即由部調職，心見到處服務。且想夙荷同情，當必能慨然允諾也。專此敬頌

教安

弟 程孝剛 啓 六、六

鐵道部新路建設委員會用牋

曜生校長吾兄大鑒：違教數月，系念良深。比想

動定綏和為頌。茲懇者部中現擬設

中央鐵路機廠於株洲，求以英才將任

籌備之責，大約月內即將成立籌備

處，進行一切處務，內擬設總務、工事兩課。

總務課長一席擬請柯箴心擔任。惟

箴心兄在校職務亦極重要，本不便

率爾請求，無奈人才難得，如箴心

校西方事務紛乘，際此得不難以撥冗於[illegible]請之為所

教[illegible]安

弟[illegible]六．七

鐵道部新路建設委員會用牋

五一　徐谟复黎照寰函（一九三六年十月十三日）

【录 文】

曜生吾兄校长道鉴：

顷奉华翰，备蒙奖励，迴环雒诵，且感且惭。国事蜩螗，风云日亟，縻躯放踵，未敢自懈。惟是驽骀负重，竭蹶堪虞。虽幸方略之有承，尚赖名贤之指正。吾兄硕望在人，尽筹夙佩，所冀嘉言时锡，共济艰难，翘企云天，无任拜祷。专此布复，祇颂

台绥

弟　徐谟　谨启

十月十三日

【作者简介】

徐　谟

（1893—1956）

徐谟，字叔谟，江苏吴县人，外交家、法学家。南洋公学肆业，天津北洋大学法科毕业，美国华盛顿大学法律硕士。曾任南开大学教授，国民政府外交部次长，驻澳大利亚、土耳其大使。1945 年参加联合国法律委员会工作，曾参加起草《联合国宪章》。1946 年当选为海牙国际法庭首任中国法官。

曜生吾兄校長道鑒：頃奉

華翰，備蒙

奬勵，迴環雒誦，且感且慚。國事蜩螗，風雲日

亟，糜軀效踵，未敢自懈。惟是駑駘負重，竭蹶

堪虞，雖幸方略之有承，尚賴

名賢之指正。吾

兄碩望在人，藎籌夙佩，所冀

嘉言時錫，共濟艱難，翹企

32

0037

雲天無任拜禱專此佈覆祗頌

台綏

弟 徐謨謹啓 十、十二

五二　黎照寰致唐文治函（一九三八年八月三十一日）

【录　文】

蔚芝先生赐鉴：

日前趋承教益，至感愉快。近维道躬康适，允符心颂。兹敬启者，政府年来对于青年子弟注重修养，先生道隆望重，万流共仰，昔年掌教我校，提倡道德教育，转移风气，功效匪浅。今者值台从莅沪，我校学子久欲瞻仰风采，以遂心向。爰拟延请先生为特约讲座，每级每周一小时。关于道德修养、文学源流提纲讲解（以饫众听），区区愚衷，度荷赞许也。除托粹士兄面恳外，谨函奉达，至祈察允为荷。

黎照寰　敬启

【作者简介】

黎照寰

（1888—1968）

黎照寰，字曜生，广东南海人，教育家。获美国哥伦比亚大学经济学和宾夕法尼亚大学政治科学硕士。1919 年回国后，曾任中国公学教授、广东华商银行经理、广东铁路管理局局长、国民政府财政部参事兼中央银行副行长、铁道部常务次长。1930 至 1944 年，任交通大学校长。新中国成立后，曾任浙江之江大学校长、上海市政协副主任。著有《中国国民党政策》《孙中山先生之革命政府》等。

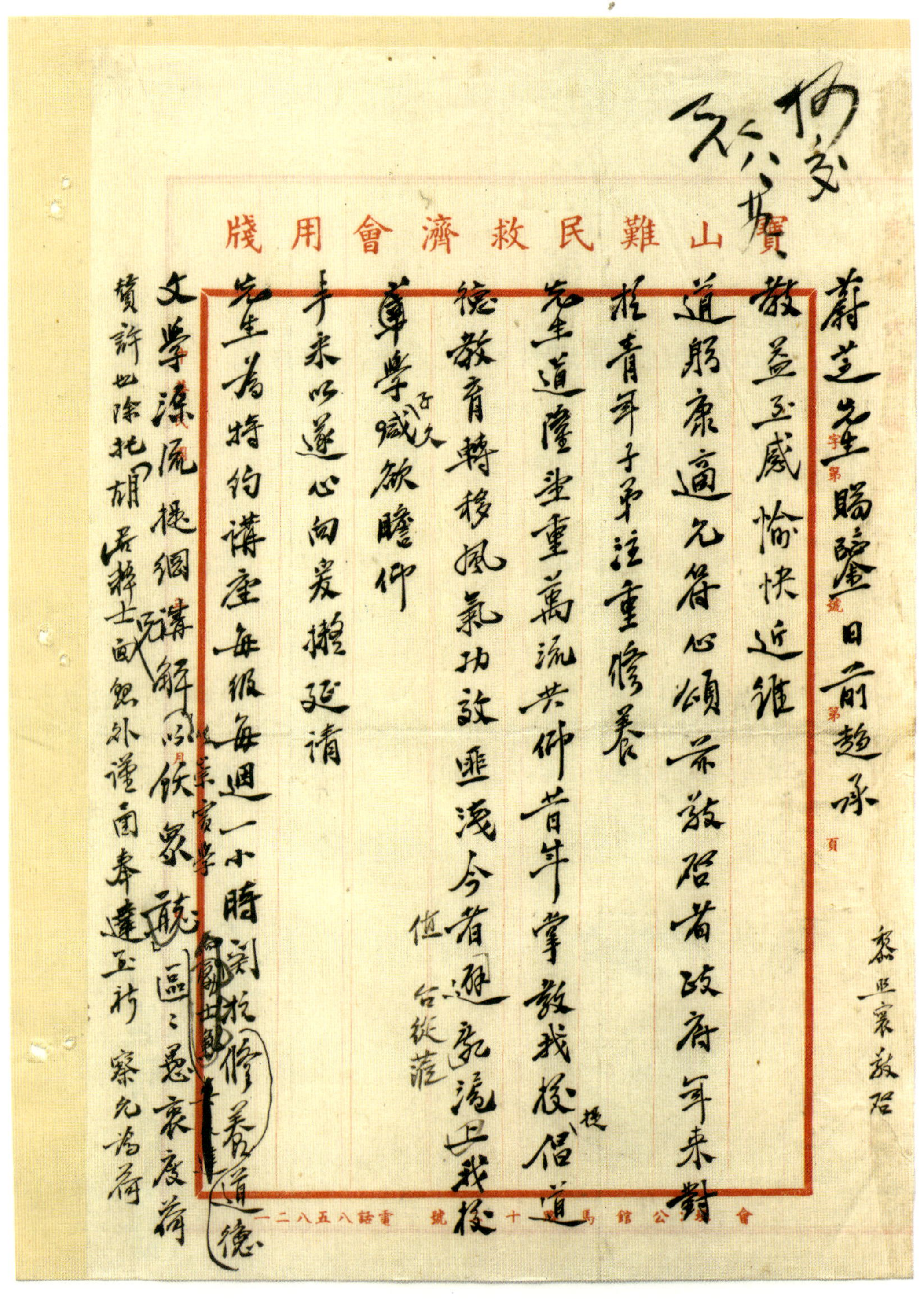

寶山難民救濟會用牋

蔚芝先生賜鑒：日前趋承
教益，至感愉快。近維
道躬康適，允符心頌。崇敬啟者，政府年来對
於青年子弟注重修養，
先生道隆望重，萬流共仰，昔年掌教我校，倡（提）導
德教育，轉移風氣，功效匪淺。今者擬邀亮濤上我校，（値台從蒞）
尊學識，欽瞻仰，
年来以遂心向炙，擬延請
先生為特約講座，每級每週一小時，對於修養道德
文學源流提綱講解，以飫衆聽，區區之愚，衷度荷
贊許也。除托胡[illegible]君梓士面[illegible]外，謹函奉達，至祈察允為荷。

黎照寰敬啟

會所 公館馬路 [illegible]十號 電話八五八二一

五三　罗君惕致交大各院长函（一九三九年八月七日）

【录 文】

本稿当于本月五日上午送各院长，会奉各院长会商结果，由钟院长宣读、君惕记录如次：一、原函呈请求两点：a. 先行动用结存一次，补发五个月欠薪三成，再行呈部备案；b. 呈部力争追加预算。二、今日开会之意见：如校长对于上次请求不愿负责，由同人等再行商酌办法。稿暂缓发，是日下午往晤胡、陈、唐各主任，亦均赞成缓发。

罗君惕　谨注

八月七日

（黎照寰批语：阅。八，七。）

【作者简介】

罗君惕

（1905—1984）

罗君惕，别号艮厂，蒙古镶黄旗人，文字学家、书法家。1924 考入中国公学，获商学士学位。1930 年任交通大学文书主任。曾任暨南大学、英士大学、交通大学国文教授。1951 年先后调任华东师范大学、上海师范学院中文系教授。曾任上海市民族事务委员会副主任等。著有《汉文字要籍概述》《说文解字探原》等。

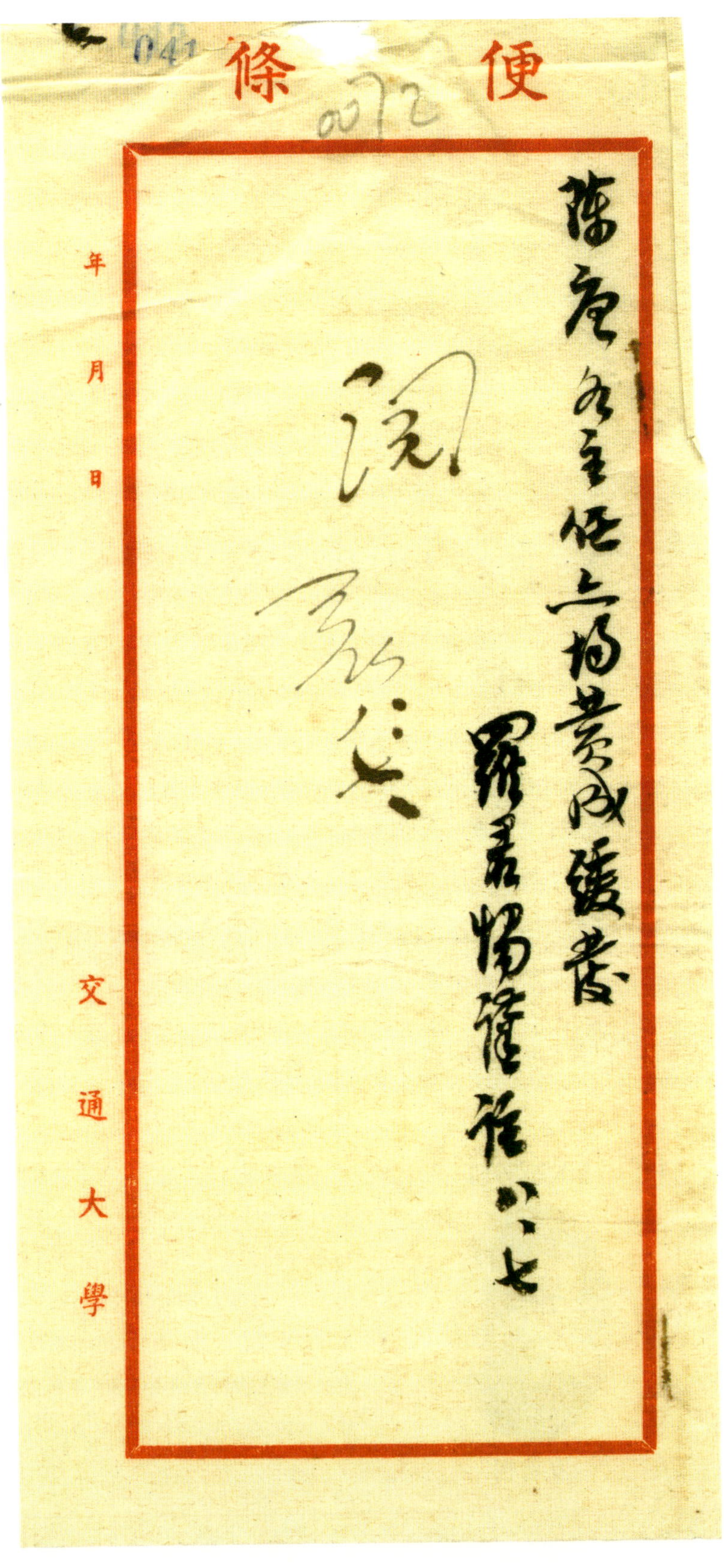

便條

澹庵先生

任之婿黃成護書

羅孝楊謹話 八、七

閱

年 月 日

交通大學

本鹤兹于本月五日上午送交院長審查參院長
審查結果由鍾院長宣讀君對紀条如次
一、原圖是否求兩點先行勘測結存一座
補發五個月欠薪三成再行呈部備案
部力爭並加發寬二、今日開會之意見之如
校方對於本校請求不能負責由同人共再行
商酌妙法 鹤聲謹啟 是日下午 胡
公啟

月 日

交通大學

五四 张元济复黎照寰函（一九四〇年一月六日）

【录 文】

曜生先生阁下：

韶光荏苒，岁籥旋更。辱荷先施，兼承藻饰，盥薇雒诵，弥自增惭。先生乐育英才，覃敷教泽，储材报国，咸与维新。仰企芝辉尤殷抃颂。专肃布复。敬贺

蕃釐

弟 张元济 拜上

廿九年元月六日

【作者简介】

张元济

（1867—1959）

张元济，字菊生，浙江海盐人，出版家、教育家。1892 年中进士。曾任刑部主事、总理衙门章京。1897 年在北京创设通艺学堂。1899 年任南洋公学译书院主事，1901 年初任南洋公学代总理。1903 年进入商务印书馆任编译所所长、经理、董事长等职。1949 年后，任上海文史馆馆长。主持影印《四部丛刊》、校印《百衲本二十四史》，创建东方图书馆。著有《涵芬楼烬余书录》《宝礼堂宋本书录》等。

曜生先生閣下：韶光荏苒，歲籥旋更，辱荷

先施，兼承

藻飾，盥薇雒誦，彌自增慚。

先生樂育英才，

覃敷教澤，儲材報

國，咸與維新，仰企

芝輝，尤殷抃頌，專肅布覆，敬賀

蕃釐。

弟張元濟拜上

廿九年元月六日

五五　梅贻琦复黎照寰函（一九四〇年五月二十一日）

【录　文】

曜生先生校长大鉴：

昨奉大函，藉悉贵校机械系毕业生胡声求君，现在美研究，成绩甚优，已向华美社申请敝校留美自费学生奖学金，以便继续留美研究。承示各节，一俟胡君申请书转到，当特予注意也。专此奉复。顺颂

大安

弟　梅贻琦　敬启

五月廿一日

【作者简介】

梅贻琦

（1889—1962）

梅贻琦，字月涵，天津市人，教育家。1908年毕业于南开中学，考取首批庚款留美生，获伍斯特理工学院学士学位。回国后，历任清华学校教员、物理系教授、教务长等职。1931—1948年任清华原子科学研究所校长。1955年，在台湾新竹创建清华原子科学研究所并任校长。著有《梅贻琦教育论著选》。

國立清華大學用箋

曜生先生校長大鑒昨奉
大函藉悉
貴校機械系畢業生胡聲求君現在美研究成績甚
優已向華美社申請敝校留美自費學生奬學金以
便繼續留美研究承
示各節一俟胡君申請書轉到當特予注意也專此奉
復順頌
大安

印
梅貽琦敬啓 五月廿一日

（辦公用）

五六　郝更生致吴保丰函（一九四二年一月九日）

【录　文】

保丰校长吾兄道席：

久违光仪，时切景慕，岁聿云更，维道履绥和为祝。兹有王淑兰君，对于学校行政工作颇感兴趣，亦富经验。渠素仰风范，有志追随，侧闻贵校总、教两处尚有人员待补用。特专函介绍，务请鼎力栽成，感同身受。此托。顺颂

教祺

弟　郝更生（钤印）拜启

【作者简介】

郝更生

（1899—1975）

郝更生，原名延浚，江苏淮安人，体育教育家。美国春田大学体育专业毕业，获学士学位。回国后曾任中华大学、东吴大学、清华大学、东北大学、山东大学体育系教授、系主任等职。国民党政府时期曾任体育督学，掌管全国体育行政。曾主办过四届全国运动会。著有《中国体育概论》《体育组织与行政》等。

中國滑翔總會用牋

保豐校長吾兄道席久違
光儀時切景慕歲聿云更維
道履綏和爲祝茲有王淑蘭君對於
學校行政工作頗感興趣亦富經
驗渠素仰
風範有志追隨側聞
貴校總教兩處尚有人員待補用
特專函介紹務請

年 月 日

中國滑翔總會用箋

鼎力栽成，感同身受。此託，順頌
教祺
弟郝更生拜啓

年 月 日

五七　恽震复吴保丰函（一九四二年五月六日）

【录　文】

保丰学兄大鉴：

日前接奉大教，敬悉一是。嘱代母校重庆分校劝募图书，自当尽力募集。兹先将本厂各同学已送来之书籍三十六册，列表交付本厂去渝厂车带渝，托请高远春兄转奉。即希查收见复为祷。耑此。敬请

大安

弟　恽震　拜上

附送清单一份

卅一年五月六日

【作者简介】

恽　震

（1901—1994）

恽震，字荫棠、秋星，江苏常州人，工程学家。1921 年毕业于交通大学，获学士学位。同年留学美国威斯康星大学，次年获电机学硕士学位。1923 年回国，任教于省立浙江工业专门学校电机系。1925 年任东南大学物理系教授。曾组织三峡水力勘察队，负责筹建中央器材厂，参与发起中国工程师学会，任副会长。著有《电气事业概论》等。

資源委員會中央電工器材廠

郵政信箱 一〇〇〇 昆明

電報掛號

電話 二四九五（鄉） 二四九八（城） 二四九一（門市） 號

保豐學兄大鑒：日前接奉
大教，敬悉一是。囑代母校重慶分校勸募圖書，自當盡力募
集。茲先將本廠各同學已送來之書籍三十六冊列表交付本廠六
渝廠車帶渝，託請高遠春兄轉奉，即希
查收見复為禱。耑此敬請
大安

弟 惲震 拜上

附送清單一份

字第 號第 頁（共 頁）

卅一年五月六日

通訊處 昆明興仁街四十二號

五八　李书田致吴保丰函（一九四二年七月六日）

【录　文】

保丰主任吾兄惠鉴：

兹有薛传道、艾喜生两君，前在国立西康技艺专科学校修毕二年级功课，成绩最佳。查该校课程内容与大学相同，薛、艾两君已有大学土木二年级程度。今拟转入贵校土木二年级肄业，特函介绍。至祈惠允，无任感荷。专此。顺颂

铎安

弟　李书田（钤印）敬启

七月六日

【作者简介】

李书田

（1900—1988）

李书田，字耕砚，河北昌黎人，水利学家。曾任唐山工学院院长、北洋大学工学院院长，又历任顺直水利委员会秘书长、黄河水利委员会副委员长、华北水利委员会总务处处长。1972 年在美国创办世界开明大学。著有《农田水利出版物之搜集》《华北水利建设之概况》等。

0074

00063

國立貴州農工學院公事用箋

總字第一五九九號　共　頁之　頁

保豐主任吾兄惠鑒茲有薛傳道艾喜生兩君前在國立西康技藝專科學校修畢二年級功課成績最佳查該校課程內容與大學相同薛艾兩君已有大學土木二年級程度今擬轉入

貴校土木二年級肄業特函介紹至祈

惠允無任感荷　專此順頌

鐸安

弟李書田　敬啓　七月六日

民國三十　年　月　日

院址：貴陽花溪

有線電報掛號：一三三一

無線電報掛號：一三三一

（祇限公事用）

五九　韦以黻复吴保丰函（一九四二年八月二十四日）

【录　文】

保丰吾兄勋鉴：

奉示祗悉。承嘱拨赠实习轮只一事，以何墨林兄业已回部，特转托船舶科王科长道之设法办理。结果如何，当再奉达。此复。即颂

台祺

弟　韦以黻（钤印）　顿首

八月廿四日

【作者简介】

韦以黻

（1885—1946）

韦以黻，字作民，浙江湖州人。毕业于南洋公学，后留学美国，获康奈尔大学机械工程师学位。历任江南制造局兵工学堂机械主任、北京大学教员、京绥铁路车务总管理局代理局长、交通部常务次长、交通部电政总局总办、中国航空公司副理事长等职。

保豐吾兄勋鉴：奉

示祗悉。承

囑撥贈實習輪隻一事，以何

墨林兄業已回部，將轉託船

船科王科長道之設法辦理，

結果如何，當再奉達。此復，即頌

台祺

弟韋以黻上

八月廿四日

六十 黄炎培复李熙谋函（一九四三年一月十五日）

【录 文】

振吾我兄：

十四日手书敬悉。弟准于廿五日上午九时前恭候吴校长同赴贵校讲话，讲题：《四十年前在校求学之所得》。请先公布可也。耑复，

即颂

公祺

保丰校长均此。

弟 黄炎培 敬复

卅二年一月十五日

【作者简介】

黄炎培

（1878—1965）

黄炎培，字任之，上海浦东人，教育家。曾入南洋公学学习，1905 年参加同盟会。辛亥革命后任江苏省教育司司长、省教育会副会长。创办中华职业学校。参与筹组中国民主政团同盟，为第一任主席。新中国成立后历任中央人民政府委员、政务院副总理兼轻工业部部长、全国人大常委会副委员长、全国政协副主席。著有《新大陆之教育》《延安归来》等。

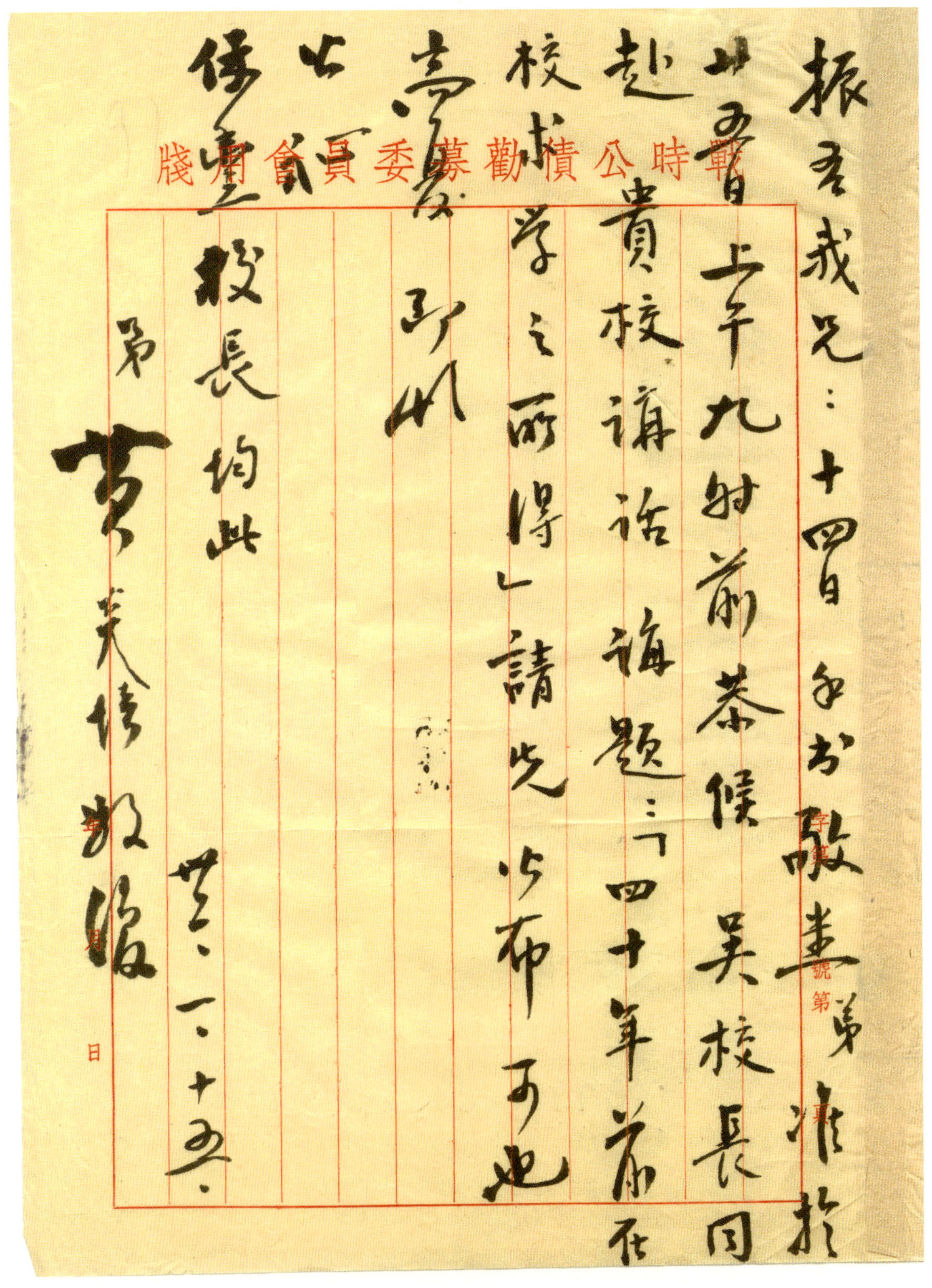
戰時公債勸募委員會用牋

第　字第　號

振吾我兄：十四日手书敬悉。弟准於廿五日上午九时前恭候吴校长同赴贵校。讲话论题："四十年前在校求学之所得"，请先公布可也。専覆，即叩
大安
并烦候吴校长均此。

弟黄炎培拜复
卅六、一、十五

年　月　日

六一 吴保丰复王文山函（一九四三年二月十八日）

【录 文】

文山吾兄司长勋鉴：

大函暨书目奉悉。承转介张君书籍，本校图书馆尚属需要。拟请转知，将价值开示，如能将全部书籍先行送看，以便决定。更所盼望。专此布复。并颂

勋绥

弟 吴保丰（钤印） 拜启

二月十八日

【作者简介】

吴保丰

（1899—1963）

吴保丰，字嘉谷，江苏昆山人，教育家。1921 年毕业于交通大学电机科。1923 年到美国西屋公司实习。1925 年获密歇根大学电机工程硕士学位。1941 年任交通大学重庆分校主任，次年任交通大学代理校长，1944 年至 1947 年任校长。1950 年起，任华东人民广播电台、上海人民广播电台顾问。著有《我国广播事业今后应取之途径》等。

國立交通大學分校用箋

文山吾兄司長勛鑒：

大函暨書目奉悉，承轉介張君書籍，本校圖書館為應需要，擬請轉知將價值開示，及能將全部書籍先行送看，以便決定，更所聯繫。專此佈復，並頌

勛綏

弟吳保豐拜啟 一.六

入會簡單辦法 另分

渝交秘字第07號

六二 庄前鼎复吴保丰函（一九四三年三月二十日）

【录 文】

保丰校长我兄道鉴：

母校四月八日周年纪念，昆明分会拟假广播电台举行庆祝大会，定该日下午二时起开会庆祝，请蒋梦麟先生演讲，并备茶点。同时举行尊师献金典礼，总共募到五万余元，总校得一万五六千余元，唐校较多，平校较少。此款由校中决定奖给在校服务最久之教员二人及职员一人，不久将由此间分会汇出。此间庆祝会，希望母校能指派代表参加，并指派代表接受献金，最好届时有便人由渝来昆参加更佳。薛次莘兄募捐启等迄未收到，使请查询交大纪念刊征稿启事，今日方收到（三月二十日）。已请分会书记朱仁堪先生将分会筹备成立经过、去年聚餐大会与征募尊师献金结果等择要报告，唯恐不及寄到耳。专覆。即请

公安

“母校历史”请设法迅予抄寄一份，以便开会时报告。

弟 庄前鼎（钤印） 敬上

三月二十日

【作者简介】

庄前鼎

（1902—1962）

庄前鼎，字开一，上海青浦人，机械工程学家。1920 年考入交通大学机械工程系，1925 年考取清华大学专科生官费留美，回国后任清华大学教授，创建机械工程系，兼系主任。1938 年创建航空研究所、航空系，兼所长、系主任，曾当选中国工程学会副会长。任《中国机械工程学报》总编辑，著有《应用空气动力学》《兵器学》等。

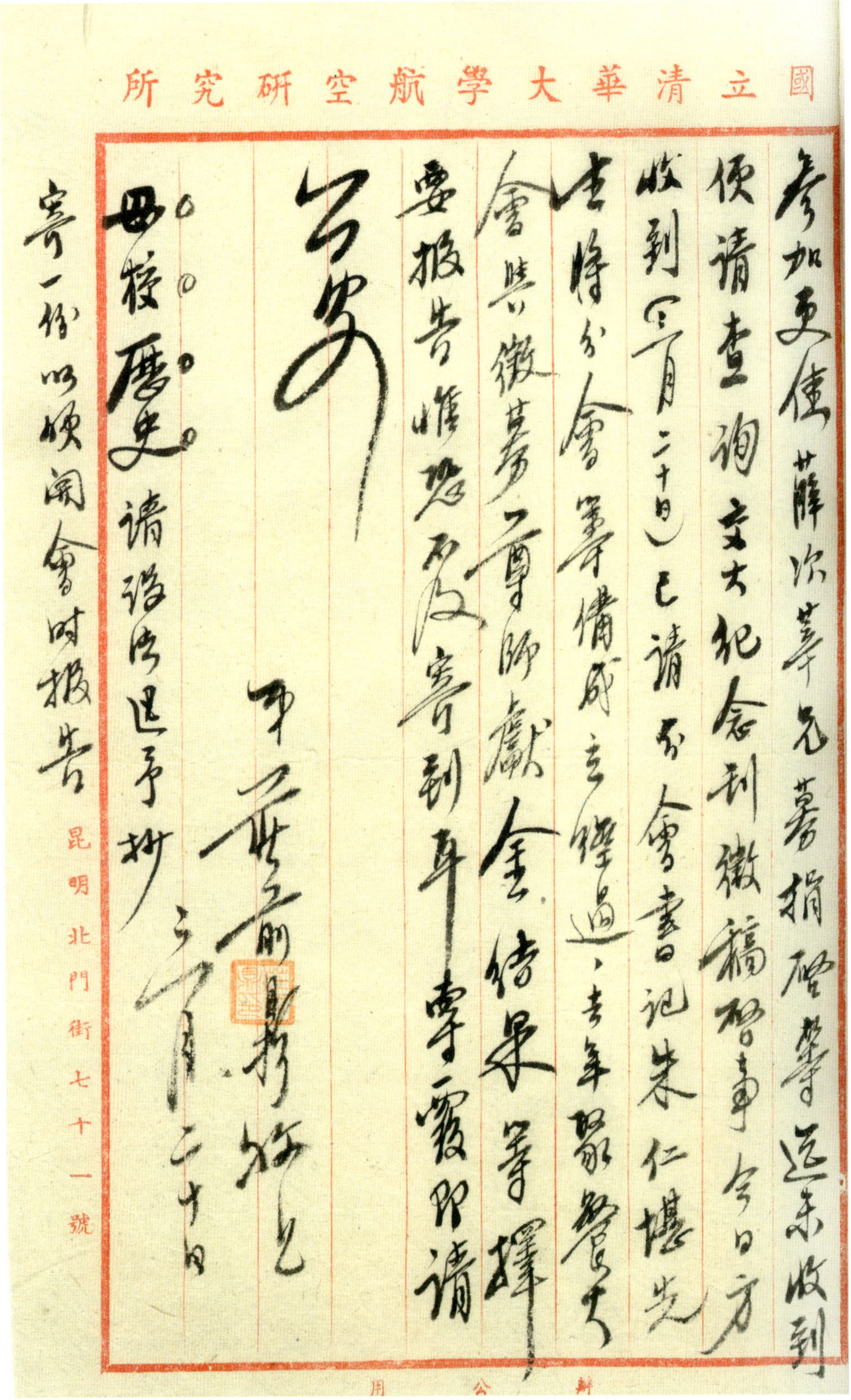

國立清華大學航空研究所

參加更使薛次莘兄募捐歷年學運來收到，便請查詢交大紀念刊徵稿，督事今日方收到（元月二十日），已請分會書記朱仁堪先生將分會籌備成立經過，去年聚餐及會員徵募、尊師獻金結果等撰要報告，唯恐不及寄到本刊，弟一俟即請

公安

弟王士倬拜啟

三月二十日

○○○○母校歷史請設法退予抄寄一份，以便開會時報告

昆明北門街七十一號

郵公用

國立清華大學航空研究所

保豐校長我兄道鑒：母校四月八日週年紀念，昆明分會擬假廣播電台舉行慶祝大會，定該日下午二時起開會慶祝，請薛先生演講，並備茶點，同時舉行尊師獻金典禮。總共募到五萬餘元，總校得一萬餘元，慶校教多年，校教少，此款由校中決定贈與給在校服務最久之教員一人，不久將由此間分會匯出。此間慶祝會希望母校能指派代表參加，並指派代表接受獻金，最好屆時有便人由渝來昆

昆明北門街七十一號

六三 赵祖康复吴保丰函（一九四三年四月二十二日）

【录 文】

保丰校长我兄史席：

奉四月九日惠教，敬悉一一。承介李君尚智，已为洽请川康交通管理局骆局长延揽，协办康青公路工程。除迳行知照李君外，用特函复，至希台察，并颂

讲安不一

弟 赵祖康（钤印） 顿首

四月廿二日

【作者简介】

赵祖康

（1900—1995）

赵祖康，字静侯，上海松江人，中国公路工程先驱。1922年毕业于交通大学唐山学校市政与道路工程系。后赴美国康乃尔大学研究院进修。回国后曾任交通部公路总局副局长、上海市工务局局长、上海市代理市长、中国土木工程学会会长。新中国成立后，曾任上海市政协副主席、上海市人大常委会副主任、民革中央副主席。主编《英汉道路工程词汇》《道路与交通工程词典》。

保豐校長我兄史席：奉四月九日

惠教，敬悉一一。承

介李君為智，已為洽請以康交通

管理局駱局長延攬協助康青

公路工程，除逕行知照李君外，用

特函復，至希

台察為荷。

請安不一

弟 趙祖康 四、廿二

交通部公路總局用箋

六四 沈钧儒复吴保丰函（一九四三年五月三十一日）

【录 文】

保丰先生左右：

前荷函委学生陈以德被诬事，业与敝事务所同人林律师亨元合办诉状，于今日午前向法院呈递附稿三纸，请教之为幸，并递交陈君阅看。专复。敬颂

日祺

弟 沈钧儒 顿首

五月卅一日

【作者简介】

沈钧儒

（1875—1963）

沈钧儒，字秉甫，号衡山，浙江嘉兴人，爱国民主人士。1904 年中进士，1905 年留学日本，回国后参加辛亥革命、五四运动、中国民权保障同盟。1936 年，与宋庆龄等发起并组织了全国各界救国联合会，为救国会“七君子”之一。他反对内战争取和平，是中国民主同盟的创始人之一。新中国成立后曾任全国政协副主席、最高人民法院院长、民盟中央主席等。著有《寥寥集》《家庭新论》等。

平正法律事務所

律師

沈鈞儒 崔國翰 沙千里 林亨元

字第　號第　頁

保之先生左右：前荷
函委學生陳以德被逮事，業與敝事務
所同人林律師亨元合辦訴狀，於今日午
前向法院呈遞，附稿三紙，請并乞交陳君閱看
教之為幸。專復，敬頌
日祺

弟沈鈞儒頓
五月廿四日

中華民國　年　月　日

六五　辛一心复吴保丰、李熙谋函（一九四三年八月二十日）

【录　文】

保丰校长、振吾教务长勋鉴：

七月七日大示奉悉。上月以奉部令，赴双石铺辅导一高级职业学校。又乘便赴西安一行，最近始克返院，致作复稽迟，歉甚罪甚。母校接收商船学校，并决定设立造船等系科，逖听之余，曷胜欣慰。一心忝属校友，协助发展，自属义不容辞。惟是年来执教陕南，今又负责系务，终恐抽身维艰。最近极拟来渝，倘能成为事实，自当赴前聆教也。耑此。敬请

勋安

晚　辛一心　敬上

八月廿日

【作者简介】

辛一心

（1912—1957）

辛一心，江苏无锡人，造船学家、教育家。交通大学电机工程学院毕业，英国新堡杜伦大学皇家学院硕士。曾任西北工学院、交通大学教授，招商局总工程师、船务处处长兼机器厂厂长，上海海运船舶建造处处长，第一机械工业部船舶工业管理局设计处处长、总工程师等。创办《中国造船》期刊，著有《船之阻力》等。

國立西北工學院公事用箋

保豐校長

振吾教務長勛鑒：七月七日

大示奉悉。上月以奉部令，赴双石鋪

輔導一高級職業學校，又乘便赴西安

一行，最近始克返院，致作复稽遲，歉甚，

罪甚。母校接收商船學校，並決定設立

造船等系科，逖聽之餘，曷勝欣慰。一心

忝屬校友，協助發展，自屬義不容

辭。惟是年來執教陝南，今又負責系

院址：總院 分院：陝西城固 古路壩 七星寺

國立西北工學院公事用箋

務，終恐抽身維艱。最近極擬来渝，倘
能成為事實，自當趨前聆
教也。耑此，敬請
勛安。

晚 辛石 敬上 八，廿

院址：總院：陝西城固古路壩；分院：七星寺

六六　白崇禧复吴保丰函（一九四三年十月二十二日）

【录　文】

保丰校长先生大鉴：

顷接瑶章，敬审一是。贵校军训教官王致纲，係前准贵校函，以该员放弃职守，工作不力，故予停职。所嘱将该员另调其他工作，自当照办。惟目下尚无适当工作可派。希转知该员另觅工作可也，方命之处，尚祈詧谅是盼，耑此奉复。顺颂

教安

白崇禧（国民政府军事委员会军训部官防）　再拜

十月廿二日

【作者简介】

白崇禧
（1893—1966）

白崇禧，字健生，广西桂林人，回族，军事家。保定军校第三期毕业。北伐战争时任国民革命军副总参谋长、东路军前敌总指挥。1927 年任淞沪警备司令。后任国民党第四集团军副总司令兼新编第十三军军长。1931 年后任国民政府军事委员会副参谋总长兼军训部长、桂林行营主任、国防部长、华中军政长官。后居台湾。

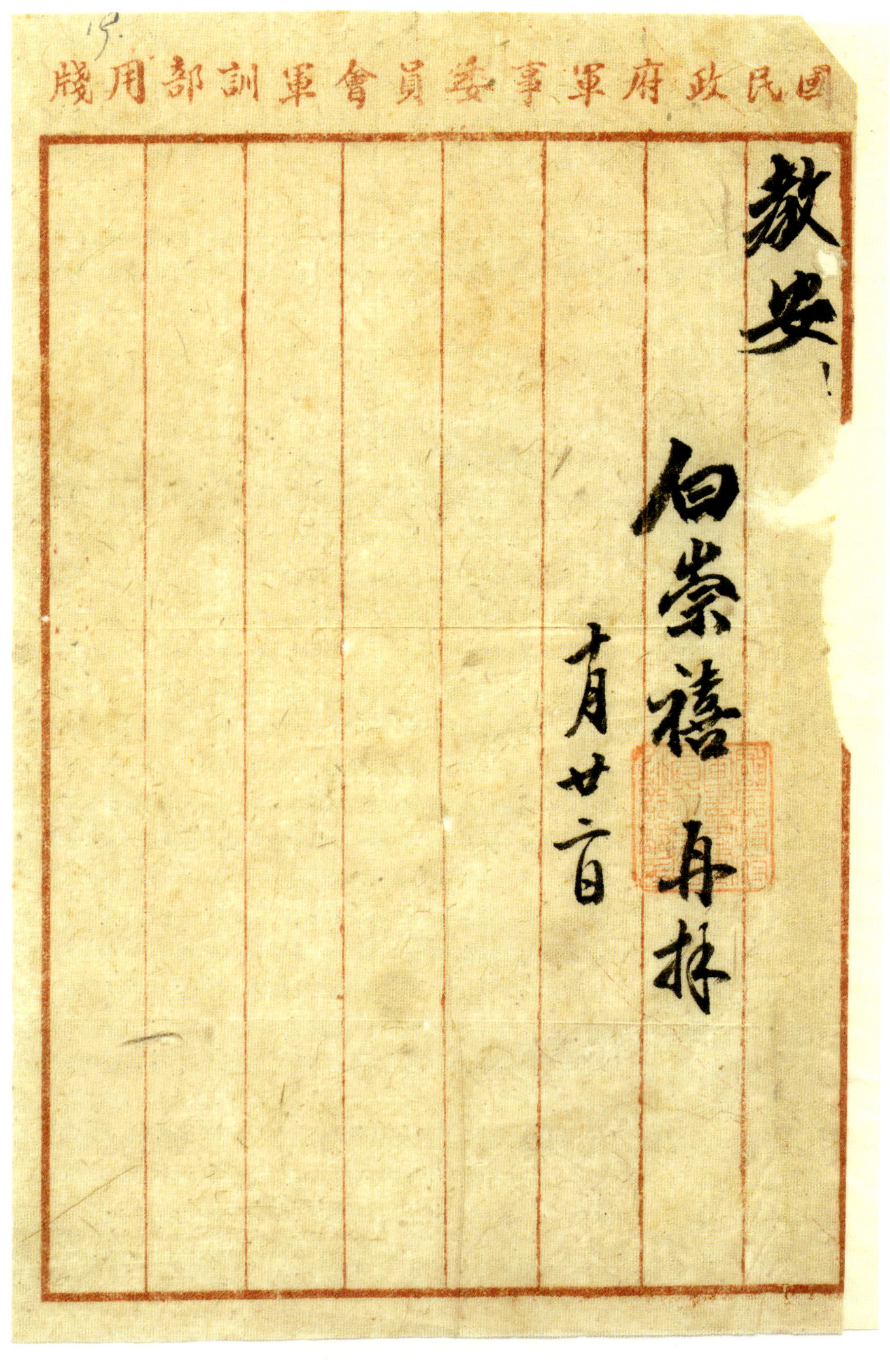
15.

國民政府軍事委員會軍訓部用牋

敬安！

白崇禧再拜

十月廿二日

18

國民政府軍事委員會軍訓部用牋

保豐校長先生大鑒：頃接
瑤章，敬誦一是。貴校軍訓教官王
致綱係前次貴校函以該員放棄
職守，工作不力，故予停職，所遺該
員另調其他工作，自當照辦。惟目下
尚無適當工作可派，希轉知該員
另覓工作，免也方命之處，尚祈
鑒諒是盼。肅此奉復，順頌

訓陸三壁字第4613號

六七　金士宣复吴保丰函（一九四四年二月二日）

【录　文】

保丰校长先生大鉴：

上月十五日手教奉悉一一。弟不善文，承嘱为母校纪念稚老八十大庆撰拟论文一篇，毋任惶恐。兹遵命草就《八十年来中国交通政策之演进》一文，送请费神斧正为幸。耑复，敬颂

道祺

弟　金士宣　谨启

二月二日

【作者简介】

金士宣

(1900—1992)

金士宣，字子和，浙江东阳人，铁路运输专家。1923 年毕业于北京交通大学，同年留学美国宾夕法尼亚大学，修经济学，1927 年获博士学位。回国后任职于沪宁、津浦、粤汉等铁路局和交通部，兼任暨南大学等校教授。1949 年 9 月任中国交通大学运输工程系教授，1950 年任副校长。著有《铁路运输学》《铁路史话》等。

保豐校長先生大鑒：上月十五日

手教奉悉一一。弟不善文，承

囑為母校紀念稚老八十大慶撰

擬論文一篇，毋任惶恐。茲遵

命草就「八十年來中國交通政策之演

進」一文送請

費神斧正為幸。耑覆，敬頌

道祺

弟 金士宣謹啓 二、二、

交通部

六八 方东美致吴保丰函（一九四四年八月十三日）

【录 文】

保丰校长吾兄左右：

违教久之，近想兴居嘉豫，为颂为慰。兹有恳者，友人李儒勉之夫人周慧专女士，擅长国学，年来历任国立女子师范学院暨大学先修班讲师，成绩卓著。现为利便子女教育起见，移家来渝，颇思就近觅一教学工作，以赡资用。贵校国文教席如需人承乏，则慧专女士其上选也。恃爱奉渎。敬颂

教祺

弟 方东美 顿首

八月十三日

【作者简介】

方东美

（1899—1977）

方东美，原名方珣，安徽桐城人，哲学家。1917 年入金陵大学攻读哲学。1921 年赴美留学，获威斯康辛大学博士学位。回国后任武昌高等师范大学、东南大学、中央政治学校、中央大学等校教授。1948 年后任台湾大学、辅仁大学教授。著有《科学哲学与人生》等。

保豐校長吾兄左右：違教久之，近想興居嘉豫，為以為慰。茲有敝世友人李儒勉之夫人周慧專女士，擅長國學，年來歷任國立女子師範學院暨大學先修班講師，成績卓著。茲為利便子女教育，新近移家來滬，頗思就

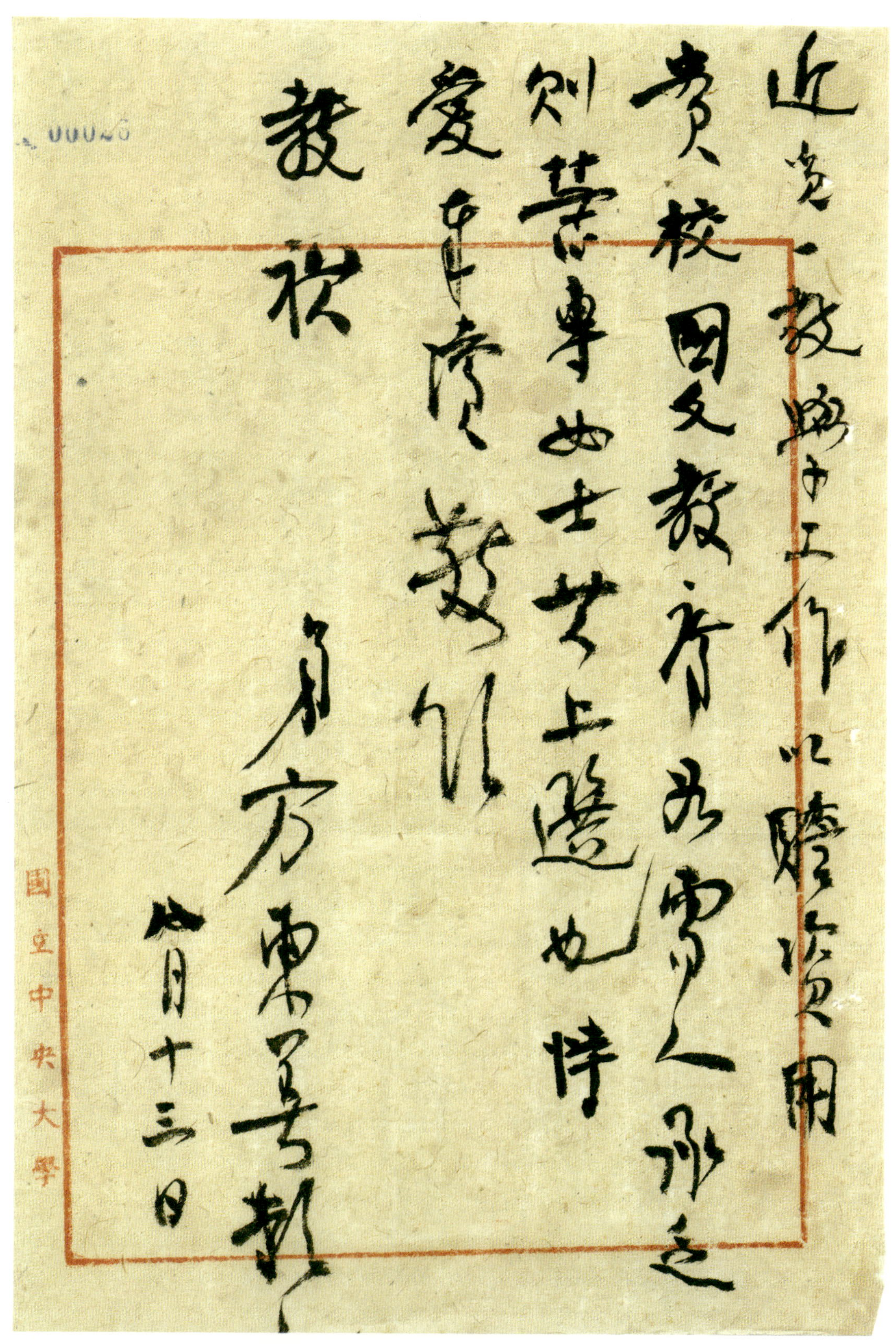

近覓一教學工作以贍資用
貴校國文教育若需人承乏
則葉粵女士其上選也特
爰專達敬頌
教祺
弟方東美手啓
八月十三日

國立中央大學

六九 何应钦、袁守谦致吴保丰函（一九四四年九月十二日）

【录 文】

敬启者：

本部主办《建军导报》，旨在阐扬军事学理，提倡国防建设，深觉我国战后交通之复员问题有关国防者尤钜。拟请先生拨冗撰赐宏论，以光篇幅，并希转知贵校教授先生，源源惠稿，以广刊布藉，以引起各界之注意，则幸甚。兹附本报第二期一册，可供参考，第四期稿子定九月底汇集。并闻，此致吴校长保丰

弟 何应钦 袁守谦（军事委员会特别党部印）

九月十二日

【作者简介】

何应钦

（1890—1987）

何应钦，字敬之，贵州兴义人。早年留学日本陆军士官学校。曾任黔军团长兼贵州讲武学校校长、黄埔军校总教官。参加两次东征、北伐。后任国民政府军政部长、陆军总司令、国防部长、行政院长。后居台湾。

袁守谦

（1904—1992）

袁守谦，字企止，湖南长沙人。黄埔军校第一期步兵科毕业，曾参加两次东征和北伐战争。历任国民政府军事委员会政治部副部长、三青团中央干事会常务干事、中央执行委员会常务委员等。后居台湾。

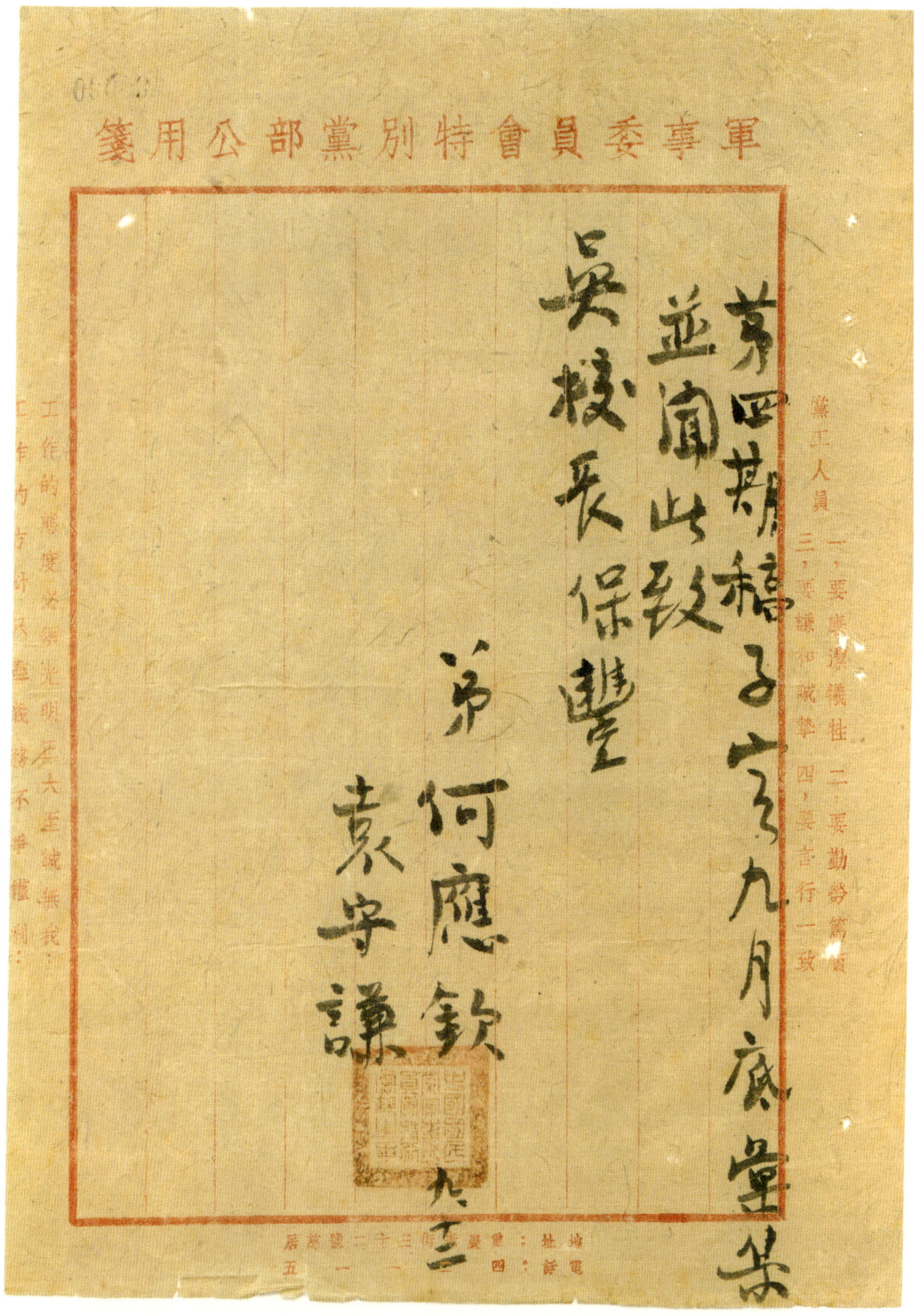
軍事委員會特別黨部公用箋

黨工人員　一，要廉潔犧牲　二，要勤勞篤實　三，要謙和誠摯　四，要言行一致

第四期稿子亦於九月底寄呈

並閱此致

吳校長保豐

弟何應欽
袁守謙
九、十三

工作的態度必須光明正大至誠無我；工作的方針須以盡義務不爭權利。

地址：重慶[illegible]街三十二號[illegible]居
電話：四[illegible]一一五

軍事委員會特別黨部公用箋

黨工人員　一、要守操(?)犧牲　二、要勤勞篤實　三、要謙和誠摯　四、要言行一致

敬啓者本部主办建軍導報旨在
闡揚軍事學理提倡國防建設
深覺我國戰後交通之復員
問題有關國防者尤鉅拟請
先生撥冗撰賜宏論以光篇
幅並希
轉知貴校教授先生源源惠
稿以廣刊佈藉以引起各界
之注意則幸甚矣附奉
報紙二期一册乃供参攷

工作的態度　[illegible]光明正大至誠無我
工作的方針　[illegible]盡義務不爭權利

電話三二一一五　[illegible]

七十　许学彦复教务处执事函（一九四四年九月二十二日）

【录 文】

教务处执事先生台鉴：

敝人审查成绩，得蒙录取贵校，甚为欣慰。惟对于录取何系问题，通知书中并未提及，究系第一志愿造船系，抑第二志愿航空系，不得而知。故特附上回信邮资二元，敬祈台端查明赐覆，无任感荷。此请

教安

国立十四中学生　许学彦　敬启

九月二十二日

通讯处：渝江北董家溪 36 号中央湿电池厂许宝良转

（教务处批语：造船系。）

【作者简介】

许学彦

（1924—2016）

许学彦，江苏武进人，船舶设计专家、中国科学院院士。1948 年毕业于交通大学造船系。曾任一机部船舶工业局工程师、三机部九局工程师、六机部七院八所副总工程师兼副所长，中国船舶工业 708 所科技委主任、总工程师。主持设计了我国第一艘万吨级远洋货船“东风号”、“远望号”、“向阳红 10 号”和“J121 号”。

0048

0055

教務處執事先生台鑒：敝人審查成績，得蒙錄取

貴校，甚為欣慰，惟對於錄取何系問題，通知書中

並未提及，究係第一志願造船系抑第二志願航空系

不得而知，故特附上回信郵資二元，敬祈

台端查明賜覆，無任感荷。此請

教安

造船系　國立十四中學生　許學彥敬啟

九、二十二

通訊處：渝江北董家溪36號中央濕電池[illegible]許寶良轉

七一　孙科复吴保丰函（一九四四年十月二十七日）

【录　文】

保丰先生勋鉴：

廿四日大函祗悉一一。交通大学拟向各处募捐，添建校舍及充实图书、仪器等实习设备。承嘱列名发起，自应赞同。特函布复。即颂勋祺

孙科（钤印）

十月廿七日

【作者简介】

孙　科

（1891—1973）

孙科，字哲生，广东香山人，孙中山之子，政治家。1910 年加入同盟会。1917 年后历任孙中山大元帅府秘书、参议院议长秘书、广州市市长、行政院长、铁道部长兼交通大学校长等职。1948 年任立法院、行政院院长。1949 年去法国，1952 年移居美国。1965 年定居台湾，历任“总统府”资政、考试院院长等职。著有《宪政要义》等。

保豐先生勛鑒：廿四日

大函祇悉。一一。交通大學擬向各屬募

捐添建校舍及充實圖書儀器等實習

設備，承

囑列名發起，自應贊同，特函布復，即頌

勛祺

孫科

十月廿七日

立法院用箋

七二　罗卓英复吴保丰函（一九四四年十一月二十二日）

【录　文】

保丰校长先生惠鉴：

昨奉华揃，敬稔贵校学生踊跃从军。足征先生率导有方，至深景佩。承邀讲演，敬当如命。兹定本月二十八日（星期二）下午二时前来贵校，藉与诸同学晤面，并聆教益。专此奉复。并颂

时绥

罗卓英（钤印）　敬启

十一月廿二日

【作者简介】

罗卓英

（1896—1961）

罗卓英，字尤青，广东大埔人。1919 年保定军校第八期炮科毕业，1925 年投身北伐军。抗日战争期间，参加保卫上海、南京、武汉战役，指挥上高战役等，任第十九集团军总司令、第九战区总司令等职，1942 年任远征军第一路司令长官。后任广东省政府主席，东北行辕副主任等职。1949 年去台湾。著有《呼江吸海楼诗集》《正气歌注》等。

保豐校長先生惠鑒：昨奉
華翰，敬悉
貴校學生踴躍從軍，足徵
先生率導有方，至深景佩。承邀講
演，敬當如命，茲定本月二十八日（星期二）
下午二時前來貴校，藉與諸同學晤面，
并聆教益。專此奉復，并頌
時綏

羅卓英 敬啓 十一月廿二日

慈威用箋

七三 程天放致吴保丰函（一九四五年三月十日）

【录 文】

保丰吾兄校长勋鉴：

久阙良晤，惟兴居康胜为祝。屠达同志现服务资委会岷江电厂，对水利颇有研究，曾经办资委会与川省府合办之电力灌溉工程，经验丰富，成绩优良。近由资委会电业处处长陈中熙先生派赴灌县，勘测都江电厂厂址，拟具设厂计划，并与川省府接洽移装机件事宜。顷闻都江电厂筹备主任或厂长人选尚未决定，倘即以屠同志主持该厂，洵属轻车熟路、人地相宜。夙念吾兄与陈处长交谊甚笃，用特代晋一言，拟请惠予推荐，俾获自效而展所长。如荷玉成则感激同深也。专此奉恳。

祇颂

勋绥

弟 程天放（钤印） 拜启

三月十日

【作者简介】

程天放

（1899—1967）

程天放，号少芝，江西新建人，教育家、政治家。加拿大多伦多大学博士。曾任复旦大学、中央大学教授，安徽大学、浙江大学、四川大学校长，中国驻德国大使，国民党中宣部长。1949 年去台湾，任“教育部”部长、“考试院”副院长。著有《程天放早年回忆录》《使德回忆录》等。

中國國民黨中央政治學校用箋

保豐吾兄校長勛鑒久闊良晤惟
興居康勝爲祝唐達同志現服務資委
會岷江電廠對水利頗有研究曾經辦資
委會與川省府合辦之電力灌溉工程經驗
豐富成績優良近由資委會電業處處
長陳中熙先生派赴灌縣勘測都江電廠廠址
擬具設廠計劃並與川省府接洽移裝機件
事宜頃聞都江電廠籌備主任或廠長人

中國國民黨中央政治學校用箋

選尚未決定，倘即以唐同志主持該校，洵屬輕車熟路，人地相宜。夙諗吾兄與陳部長交誼甚篤，用特代晉一言，擬請惠予推薦，俾獲自効，而展所長。如荷玉成，則感激同深也。專此奉懇，祇頌

勛綏

弟程天放拜啟

三月十日

七四　吴蕴初复吴保丰函（一九四五年四月二十八日）

【录　文】

保丰先生大鉴：

近奉惠书，聆悉一是。贵校有悠久之历史，作育人材，成绩昭著。自播迁以来，赖先生苦心擘画，得维过去校誉于不坠，至所钦佩！承示拟扩充学校设备，嘱为募捐一节，自愿量力赞助。

兹由敝天原、天厨两厂合捐十万元，另由弟捐十万元，特分别开具支票，随函附奉，即希詧收备用，以襄盛举，藉报雅命。原捐册二册附还。专此布复。顺颂

筹祺

弟　吴蕴初　谨启

四月廿八日

附捐款支票三纸、原捐册二本

（原函批语：照复谢。收据德字 0083 号（吴先生个人的）已交令郎转奉。荣，四·卅。天原、天厨由彼已开收据。）

【作者简介】

吴蕴初

（1891—1953）

吴蕴初，名葆元，上海嘉定人，实业家。1911 年上海兵工学校毕业。1923 年开办天厨味精厂。1928 年创办中华工业化学研究所。后又相继创办天原电化厂、天盛陶瓷厂、天利氮气厂，形成天字号化工集团。1949 年后任上海市人民政府委员、上海市工商联副主委、民建中央委员兼上海市副主委。

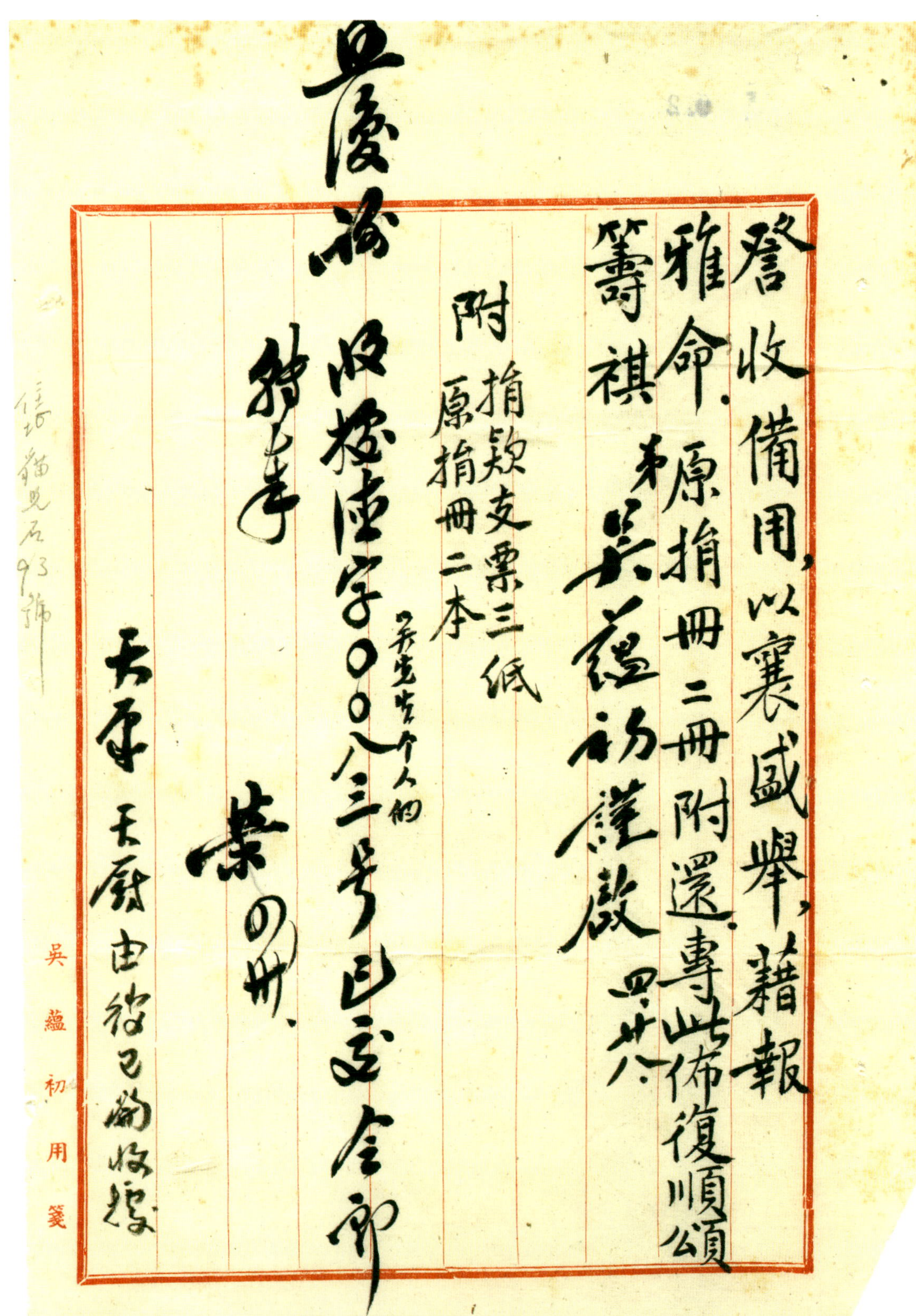

詧收備用，以襄盛舉，藉報
雅命。原捐冊二冊附還。專此佈復，順頌
籌祺
弟吳蘊初謹啟　四廿六

附　捐款支票三紙
原捐冊二本

已復函
收據填字○○八三号（吳先生個人的）已交會計部
轉去年第四冊、
天原　天廚由彼已開收據

吳蘊初用箋

保豐先生大鑒：近奉
惠書，聆悉一是。貴校有悠久之歷
史，作育人材，成績昭著，自播遷以
來，賴
先生苦心擘畫，得維過去校譽於
不墜，至所欽佩。承
示擬擴充學校設備，囑為募捐
一節，自願量力贊助，茲由敝天原
天廚兩廠合捐十萬元，另由弟捐十萬
元，特分別開具支票，隨函附奉，即希

吳蘊初用箋

七五 冯玉祥复吴保丰函（一九四五年五月十五日）

【录 文】

保丰校长先生道鉴：

惠书敬悉。承约讲话，藉能与贵校师生晤面，获聆教益，实所欣望。惟日前即病回归热，近仍未复原，医嘱休养。故不克如命，尚祈鉴谅，俟日后完全痊可，定当赴校与大家一晤也。专复。顺颂

校祺

冯玉祥（钤印） 敬启

三四年五月十五日

【作者简介】

冯玉祥

（1882—1948）

冯玉祥，字焕章，安徽巢县人，爱国将领。早年曾任北洋陆军师长、国民革命军第二集团军司令、国民政府行政院副院长。“九一八”事变后，主张抗日，任抗日同盟军总司令。后任国民政府军事委员会副委员长、第六战区司令长官。1948 年当选为民革中央常委。同年9月因轮船失火遇难。著有《我的生活》等。

保豐校長先生道鑒
惠書敬悉承
約講話藉能與
貴校師生晤面獲聆
教益實所欣望惟日前即病回歸
熱近仍未復原醫囑休養故不克
如命尚祈
鑒諒俟日後完全痊可定當趨校與

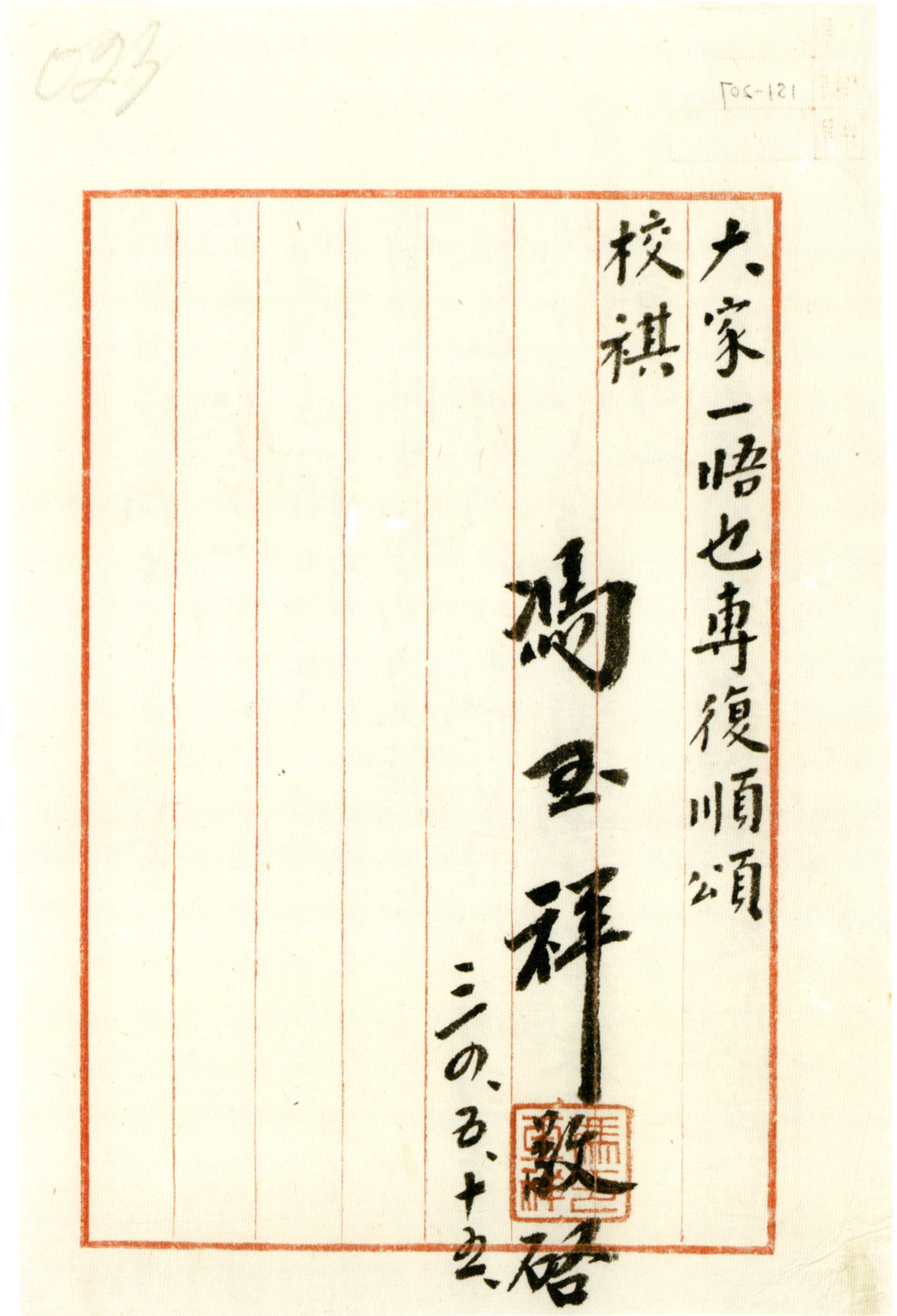

大家一晤也專復順頌

校祺

馮玉祥敬啓

三四、五、十五

七六 翁文灏致沈立人函（一九四五年六月十二日）

【录 文】

立人先生大鉴：

承面洽。关于贵校工业管理系二年级学生共十五名，拟于八、九两月内加入工厂实习一事。兹已备函，转介顺昌铁工厂马雄冠、民生机器厂陈福海、新中工程公司支秉渊、恒顺机器厂周茂柏及中国汽车制造公司朱清淮五君。随函附奉，即祈派员持函迳洽为荷。专此。并颂

教绥

弟 翁文灏（钤印） 拜启

六月十二日

附函五封

【作者简介】

翁文灏

（1889—1971）

翁文灏，字咏霓，浙江鄞县人，地质学家。1908 年赴比利时留学，获鲁汶大学博士学位。曾任中华民国行政院院长，总统府秘书长等职。历任中国地质学会会长、理事长。曾撰写中国矿产志，编成全国地质图，主持在北平西山建立中国第一个现代地震台，主导发现及开采中国第一个油田玉门油田。著有《中国矿产志略》《中国山脉考》等。

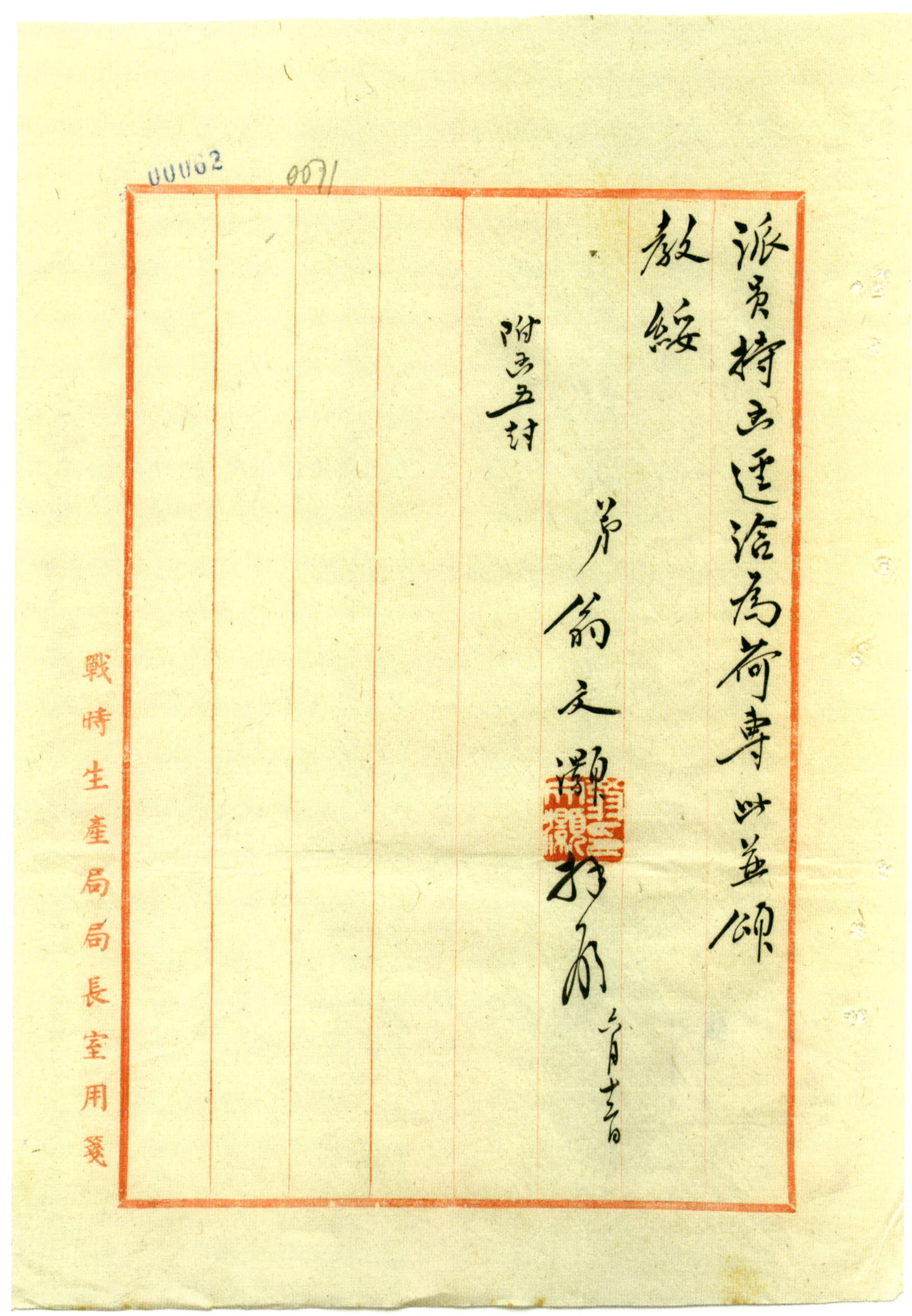
派员持函送洽为荷。专此，并颂
教绥
弟翁文灏拜启
十一月十二日
附函五封

戰時生產局局長室用箋

立人先生大鑒：承面洽關於貴校工業管理系二年級學生共十五名擬於八九兩月內加入工廠實習一事，茲已備函轉介順昌鐵工廠馬雄冠、民生機器廠陳福海、新中工程公司支秉淵、恒順機器廠周茂柏及中國汽車製造公司朱靖淮五君，隨函附奉，即祈

戰時生產局局長室用箋

七七 季文美致吴保丰函（一九四五年八月三十日）

【录 文】

航空系系务，承嘱于曹主任鹤荪回国前暂行代为维持。现曹先生已返校，理应请自即日起准予免代。下学期开学在即，各级课程亟待排定，所缺教授、助教亦应早日加聘。拟恳定于九月一日为交接日期。除由私人通知曹先生外，拟请学校再行正式通知，请曹先生如期接收，并请布告周知，以利系务之推进为幸。右报告校长吴。

季文美（钤印） 谨呈

卅四年八月卅日

【作者简介】

季文美

（1912—2001）

季文美，浙江义乌人，力学家、航空教育家。1934 年毕业于交通大学电机工程系，后赴意大利都灵大学攻读航空工程，1936 年获博士学位。回国后任江西南昌飞机制造厂、四川南川飞机制造厂工程师等职。1939 年任教交通大学。1944 年任航空系主任，1945 年兼总务长。1979 年起，先后任西北工业大学副校长、校长。著有《机械振动》《振动冲击手册》等。

航空系系務承囑於曹主任離蘇回國前暫行代為維持現曹先生已返校理應請自即日起免代維持 下學期開學在即各級課程亟待擬定缺教授助教亦應早日約聘擬定於九月一日為交接日期除由私人通知曹先生外擬請學校再行正式通知請曹先生屆期接收並請佈告周知以利系務之推進為幸 右報告

校長吳

季文美謹上 八卅

七八 茅以升致吴保丰函（一九四五年十一月八日）

【录 文】

保丰校长吾兄道鉴：

启者，本处正工程司李学海，于民国五年毕业南洋大学土木工程系，兹以奉派赴美实习，拟兼在哈佛大学选修学科，须有原校学籍证明。特为函请惠予核发，并烦寄由敝处转给，无任同感。专此。顺颂

教祺

弟 茅以昇（钤印） 拜启

十一月八日

【作者简介】

茅以升

（1896—1989）

茅以升，字唐臣，江苏镇江人，桥梁学家、教育家。1916 年毕业于唐山工业专门学校，获美国康乃尔大学硕士学位、卡内基理工学院博士学位。曾任交通大学唐山工学院院长，主持修建钱塘江大桥。新中国成立后，先后任中国交通大学校长、北方交通大学校长、铁道科学研究院院长等职。1955 年被聘为中科院学部委员。主编《中国古桥技术史》等。

保豐校長吾兄道鑒：啓者，本處正工程司李學海於民國五年畢業南洋大學土木工程系，茲以奉派赴美實習機械，在哈佛大學選修學科，須有原校學籍証明，特為函請惠予核發，並煩寄由敝處轉給，無任同感。專此順頌

教祺

小弟茅以昇拜啓 十一、八

唐臣用箋

七九 李寿雍致李熙谋函（一九四五年十一月十五日）

【录 文】

振吾先生道鉴：

日昨面聆麈教，无任欣幸。承俞允俯就国立上海临时大学补习班第一分班主任，尤为铭感。兹附奉聘约，敬希台詧。正式聘约，容另奉上。敬请

教安

弟 李寿雍（钤印）谨启

三十四年十一月十五日

【作者简介】

李寿雍

（1902—1984）

李寿雍，字震东，江苏盐城人，教育家。1921年考入北京大学经济系。1929年留学英国牛津大学、伦敦大学，修财政经济。1937年任湖南大学教授，兼文法学院院长，后兼训导长。1940年后，任第三战区政治部主任、江苏省政府委员兼财政厅长、苏南行署主任等。1946年任“革命实践研究院”主讲兼研究所所长。1946年至1949年任暨南大学校长。1949年去台湾。著有《各国财政制度》等。

28

0228

振吾先生道鑒日昨面聆
麈教無任欣幸承
俞允俯就國立上海臨時大學補習班
第一分班主任尤為銘感茲附奉聘約
敬希
台詧正式聘約容另奉上敬請
教安
小弟李壽雍謹啟
三十四年十月十五日

國立上海臨時大學補習班

八十 杨荫溥致李熙谋函（一九四六年四月二日）

【录 文】

安绍芸先生接洽时曾经口头声明，接到聘书后始能上课。聘书由渝寄沪，尚需时日。拟请先发一临时聘书，寄弟转交，俾得即日来校上课。顺颂振吾教务长

道祺

来示可寄仁记路中央信托局储蓄处

弟 杨荫溥 敬留言

四月二日上午

（李熙谋批语：发临时聘书。熙，四，五）

【作者简介】

杨荫溥

（1898—1966）

杨荫溥，字石湖，江苏无锡人，经济学家。1920 年毕业于清华学校，1923 年毕业于美国西北大学研究院，获硕士学位。回国后曾任上海光华大学、中央大学商学院、重庆大学商学院教授，浙江兴业银行南京分行经理等职。新中国成立后，曾任上海财经学院教授、上海社会科学院研究员。著有《中国金融论》《上海金融组织概要》等。

安

组芸先生接洽时曾经口头声明接到聘书后始能上课，聘书由沪寄沪尚需时日，拟请先发一临时聘书寄弟转交，俾得即日来校上课。顺候

张吾教务长道祺

弟杨荫溥敬留

四月六日午

蒙临时聘书赐示可寄至仁记路中央信托局储蓄处

八一 蒋复璁复吴保丰函（一九四六年五月二十七日）

【录 文】

保丰先生校长大鉴：

顷奉五月三日大函，敬悉种切。教部指令，对于前日立同文书院音乐器材，拨交中华交响乐团；幻灯放映机等件缴部各节，係由教部于敝处呈报接收情形后所核示，并非敝处所呈请。上列各件，尊处既需应用，似宜迳呈教育部核办，由璁转呈手续上似有未便。敬祈谅詧为荷。即颂

教绥

弟 蒋复璁（钤印）拜启

五月廿七日

【作者简介】

蒋复璁

（1898—1990）

蒋复璁，字美如，号慰堂，浙江海宁人，图书馆学家。北京大学哲学系、德国柏林大学图书馆学院毕业。1940年任中央图书馆首任馆长。主持影印出版《四库全书》，著有《图书馆管理法》《图书与图书馆》等。

国立中央图书馆

保丰先生校长大鉴：顷奉五月三日
大函，敬悉种切。教部指令对于前日
立同文书院音乐器材拨交中华交
响乐团、幻灯放映机等件缴部之命，
係由教部于敝寓呈报接收情形后
所核示，并非敝寓所呈请。上列各件
尊寓既需应用，似宜迳呈教育部核
办，由总转呈，手续上似有未便，敬祈

中华民国　年　月　日

南京成贤街四十八号

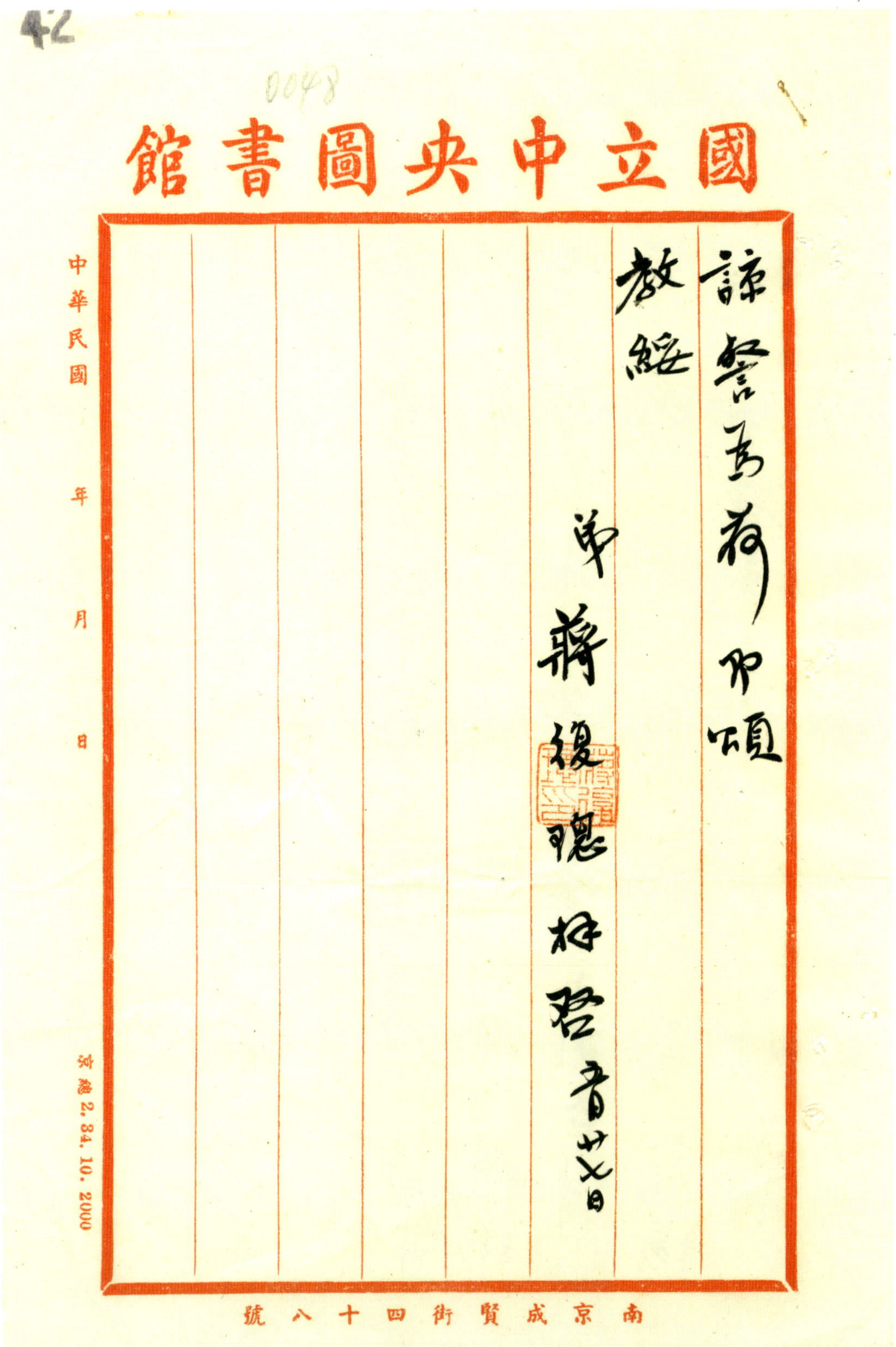

國立中央圖書館

諒詧為荷，即頌

教綏

弟　蔣復璁拜啓　十二月廿七日

中華民國　　年　　月　　日

京總 2. 34. 10. 2000

南京成賢街四十八號

八二 张钟俊致吴保丰函（一九四六年九月三日）

【录 文】

请电重庆谭德生君，

速将研究所存渝书籍（重量约一吨），派员陆运来沪，务须于十一月前运到。否则研究生无书可读，下期势须遣散或停办。此呈校长吴。

职 张钟俊 谨签

九月三日

（吴保丰校长批语：总务长核办。可否函商德生尽先设法运沪。丰，九，四

季文美总务长批语：即航谭德生速将留渝物资清册沪。文美，九，四

王文翰批语：请文书组办。翰。）

【作者简介】

张钟俊

（1915—1995）

张钟俊，浙江嘉善人，自动控制学家、中国科学院院士。交通大学电机系学士，美国麻省理工学院科学博士。曾任武汉大学、中央大学、交通大学教授。新中国成立后，曾任交通大学教授、自动控制系主任。著有《网络综合》《张钟俊教授论文集》等。

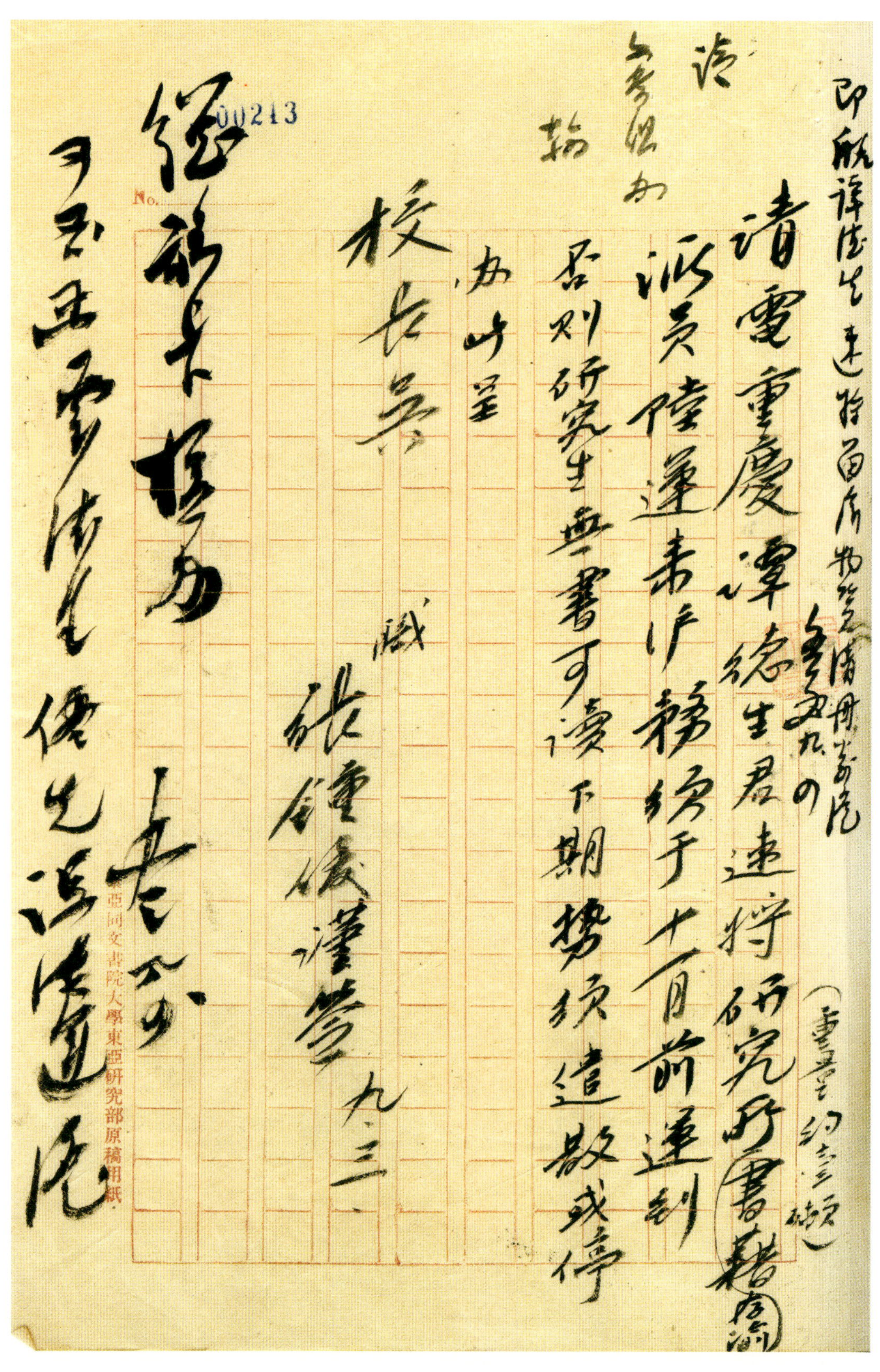
00213

即航譯譚先生速將留存物品清冊寄滬
吳 九、四

請電重慶譚總生君速將研究所書籍（存渝）派員陸運來滬務須于十一月前運到否則研究生無書可讀下期勢須遣散或停辦此呈
請
參組加
諭
校長吳
職張鍾俊謹簽　九、三

總務長核辦
日前已函電催譚先生迅運滬
吳 九、四

八三 萨本栋致吴保丰函（一九四七年五月三十一日）

【录 文】

保丰校长先生道席：

沪宁咫尺，限于职事，未能多所过从承教，仰企为劳。迭闻报载：先生为爱护学校，不幸反召轩然大波。今日行事之难，殊堪浩叹。唯善后之计，谅当已有成算也。舍甥杨福生，向沐春风，快将毕业。闻本学期因被推选为自治会学术股长，遂至卷入此次学潮漩涡，昨又突告失踪。此子家教甚严，学行可取。其父母突闻此讯，惶急可知。先生覆帱青年，如保赤子，此时当在设法营救中，结果如何，至祈赐告一二，俾便转慰。专此奉恳。即颂

道祺

弟　萨本栋（钤印）谨启

五月卅一日

【作者简介】

萨本栋

（1902—1949）

萨本栋，字亚栋，蒙古族，福建闽侯人，电机工程专家、教育家。清华学校毕业后赴美留学，1924 年毕业于斯坦福大学机械系，1927 年获伍斯特工学博士学位。1928 年任清华大学教授。1937 年任厦门大学校长。1944 年再次赴美，任麻省理工学院和斯坦福大学客座教授。1945 年任中央研究院总干事。著有《普通物理学》《交流电机基础》。

169

自治會學術股長，遂至捲入此次學潮漩渦，昨又突告失蹤，此子家教甚嚴，學行可取，其父母突聞此訊，惶急可知，先生覆幬青年，如保赤子，此時當在設法營救中，結果如何，至祈賜告一二，俾便轉慰，專此奉懇，即頌

道祺，

弟　薩本棟　謹啟

三月卅一日

國立中央研究院用箋

保豐校長先生道席：滬寧暌久，限於職事，

未能多所過從，承

教，仰企為勞，迭閱報載，

先生為愛護學校，不幸反目，軒然大波，今日

行事之難，殊堪浩歎，唯善後之計，諒當

已有

成算也。舍甥楊福生向沐

春風，快將畢業，閱本學期因被推選為

國立中央研究院用箋

八四 钱学森致曹鹤荪函（一九四七年八月十四日）

【录 文】

鹤荪兄：

前论美国风洞公司出品，兹将其说明单寄上，请查阅。弟星期日赴平，返沪后当再来访。此请

教安

弟 钱学森 谨上

八月十四日

（注：曹鹤荪批语：之卓兄：请向美国 Aewlet Development 定购风洞大秤，以及图样等（见说明书），请购部分：Package，I，u.s.$13900；Package 7 （for tunn USA），$250；（for balance），$300；Total：$14450。Price（FOB Paradeue Dalif. 鹤荪，八，十五）

【作者简介】

钱学森

（1911—2009）

钱学森，浙江杭州人，中国航天事业的奠基人，中国科学院、中国工程学院资深院士，曾获中科院自然科学一等奖、国家科技进步特等奖、小罗克韦尔奖章和世界级科学与工程名人称号，被授予“国家杰出贡献科学家”荣誉称号，获“两弹一星”功勋奖章。1929 年考入交通大学机械工程系，1935 年进入美国麻省理工学院航空系学习。1955 年回国后，为我国导弹、火箭和航天事业的发展作出了重大贡献，被誉为“中国航天之父”，著有《工程控制论》《物理力学讲义》等。

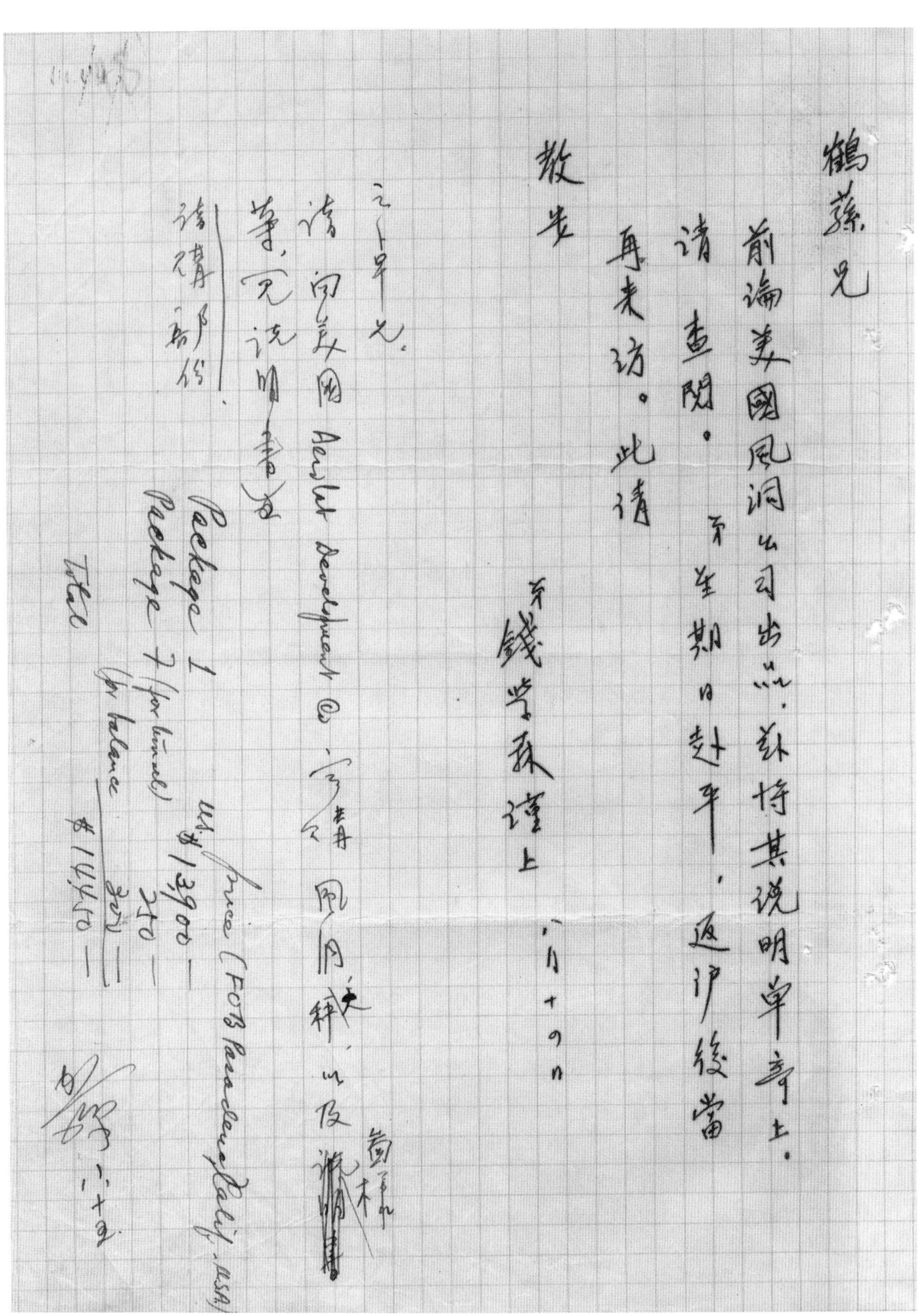
鶴蓀兄：

前論美國風洞公司出品，茲將其說明單奉上。

請查閱。　弟星期日赴平，返滬後當

再來訪。此請

教安

弟 錢學森 謹上

八月十四日

學森兄：

請問美國 Aerojet Development Co. [illegible] 風洞 [illegible] 以及說明書等，兄說明書 [illegible]

請 [illegible]

	Price (FOB Pasadena, Calif., USA)
Package 1	US $13,900 —
Package 7 (for tunnel)	250 —
(for balance)	300 —
Total	$14,450 —

[illegible]

八五 顾毓琇致裘维裕函（一九四七年十一月十八日）

【录 文】

次丰我兄道鉴：

今晨全国性职业团体国代候选人第二批名单发表，弟列大学教员团体东区第一名。前蒙吾兄及贵校同人允予支持，尚祈费神转商继续协助玉成为幸。专恳不尽。即请

教安

弟 顾毓琇 顿首

十一月十八日

【作者简介】

顾毓琇

（1902—2002）

顾毓琇，字一樵，江苏无锡人，电机学家、诗人。1915 年就读于清华学校。1923 年留学美国麻省理工学院，获博士学位。1929 年任浙江大学电机工程科主任，创办《电工杂志》。1932 年任清华大学工学院教授兼院长。1945 年任上海教育局局长，主持创办上海戏剧专科学校。1947 年至 1949 年，任政治大学校长，兼任交通大学、中央大学教授。著有《非线性系统分析与控制》《电能变换》等。

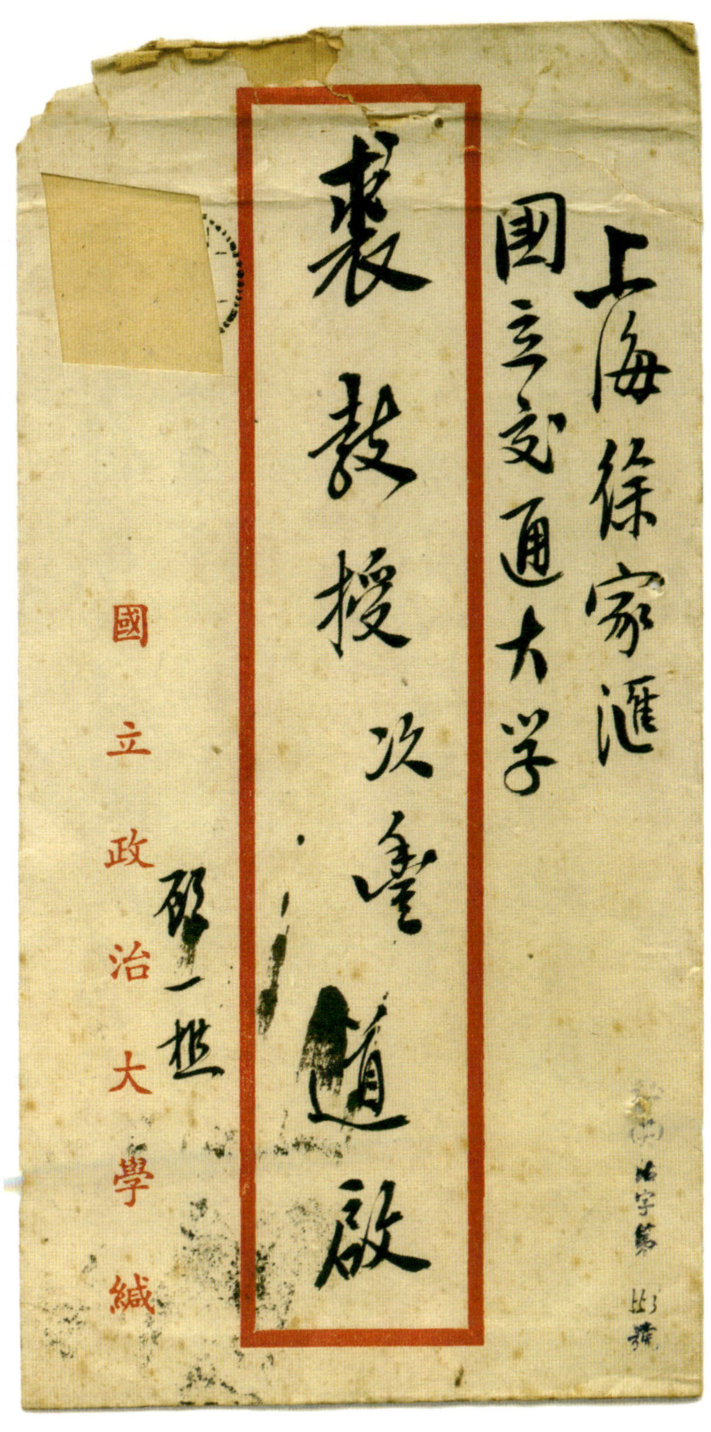
上海徐家滙
國立交通大学
裘教授次豐道啟
國立政治大學緘

00112

次豐我兄道鑒：今晨全國性職業團體國代候選人第二批名單發表，弟列大學教員團體東區第一名。前荷

兄及貴校同人允予支持，尚祈

費神特爲繼續協助玉成，爲幸。

手疏不盡，即請

勛安

弟顧毓琇上　十一、十八

國立政治大學校長室用箋

八六 赵曾珏致程孝刚函（一九四七年十二月二十三日）

【录 文】

孝刚吾兄校长讲席：

目前吾国煤气技术人才，甚形寥落，亟宜多多培植，以应需求。前经面洽，就母校化学系或化工系中，于下学期开设煤气班，以便训练人才。关于经费方面，英商上海煤气公司已允捐助一亿二千万元，本局吴淞煤气厂亦可拨助八千万元，两共二亿元，以供设班及研究设备之需。本局并拟另设煤气课程委员会，由吴淞煤气厂许厂长宝骏主持研商分配课程及编辑讲义，一切事宜拟请转知主管预做准备，经费分别备据领取，并与许厂长宝骏洽商办理。如何之处，鹄候裁覆为祷。专此奉达。祗颂

铎安

（赵曾珏又补记：此事前曾与裘院长提及，可否由理、工两院院长及化工系主任专本局会商。）

弟 赵曾珏 拜上

卅六年十二月廿三日

【作者简介】

赵曾珏

（1901—2001）

赵曾珏，字真觉，上海人，电子学家。1924年毕业于交通大学。1928年赴美国哈佛大学留学。回国后曾任浙江大学教授、浙江省广播无线电台台长、浙江省电话局局长兼总工程师。1943年任交通部邮电司司长。1945年任上海市公用局局长。1949年赴美国考察，留居美国，从事电子研究。

上海市公用局用牋

78 00P2

字第 號

孝剛吾兄校長講席：目前吾國煤氣技術人材甚形寥落，亟宜多多培植以應需求。前經面洽，就母校化學系或化工系中于下學期開設煤氣班，以便訓練人才。關於經費方面，英商上海煤氣公司已允捐助壹億貳千萬元，本局吳淞煤氣廠亦可撥助八千萬元，兩共貳億元，以供設班及研究設備之需。本局並擬設煤氣課程委員會，由吳淞煤氣廠許廠長寶駿主持，研商分配課程及編輯講義一切事宜。擬請轉知主管預作準備，經費分別備據領取，並與許廠長寶駿洽商辦理。如何之處，鵠候裁覆為禱。專此奉達，祗頌

鐸安

弟 趙曾珏 拜上 卅六.十二.廿二

此事前已與秉農院長提及，並函理工兩院長。

又化工系[illegible]

中華民國 三十六 年 十二 月 日

第 頁

八七 徐光宪致裘维裕函（一九四七年十二月二十五日）

【录 文】

呈为呈请留职停薪事：窃职因出国求学，拟请自三十七年一月一日起准予请假二年，留职停薪。敬呈裘院长钧鉴。

职 徐光宪（钤印） 敬呈

三六年十二月廿五日

（裘维裕批语：似可照准。转呈教务长。裕，十二，三十一。）

【作者简介】

徐光宪
（1920—2015）

徐光宪，浙江上虞人，化学家、教育家、中科院院士。1944 年毕业于交通大学化学系，留校任教。1948 年赴美留学，1951 年获美国哥伦比亚大学博士学位。回国后，曾任北京大学化学系教授兼无机化学教研室主任、技术物理系副主任，中国稀土学会副理事长，中国化学会理事长。2007 年获国家最高科学技术奖。著有《物质结构》《物质结构简明教程》等。

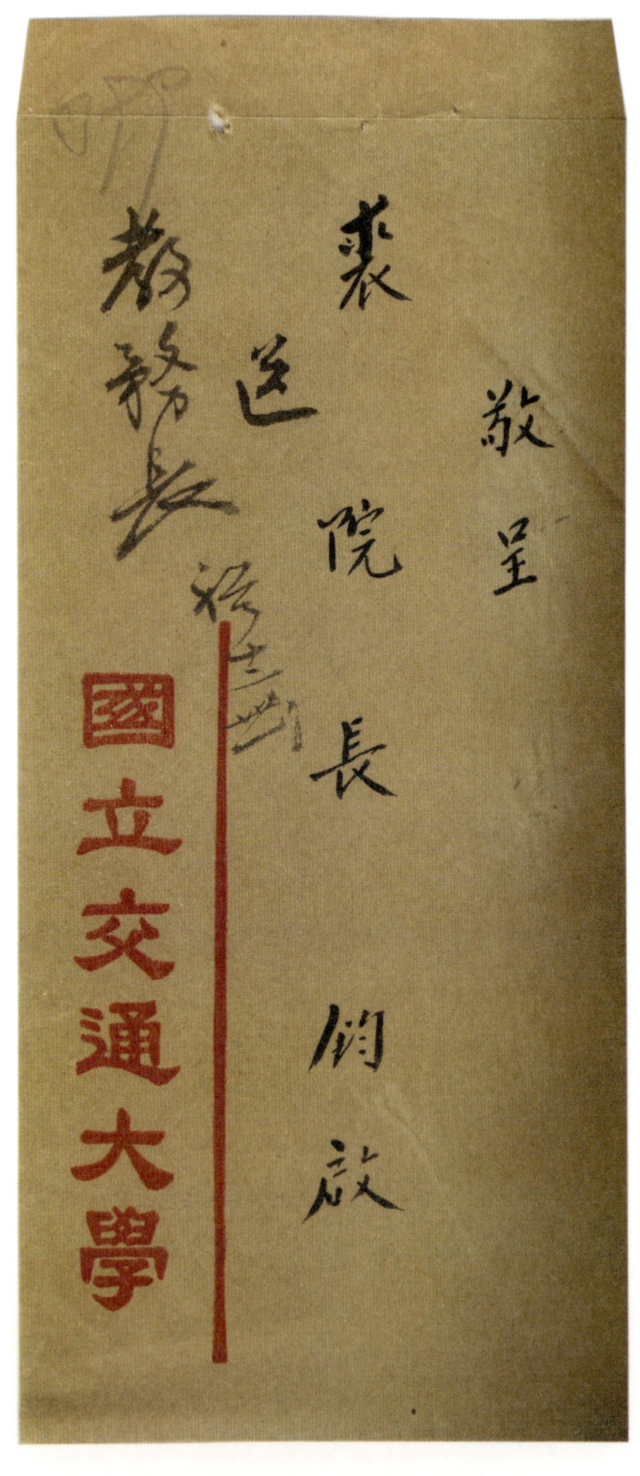
敬呈
裘院長鈞啟
教務長 送
國立交通大學

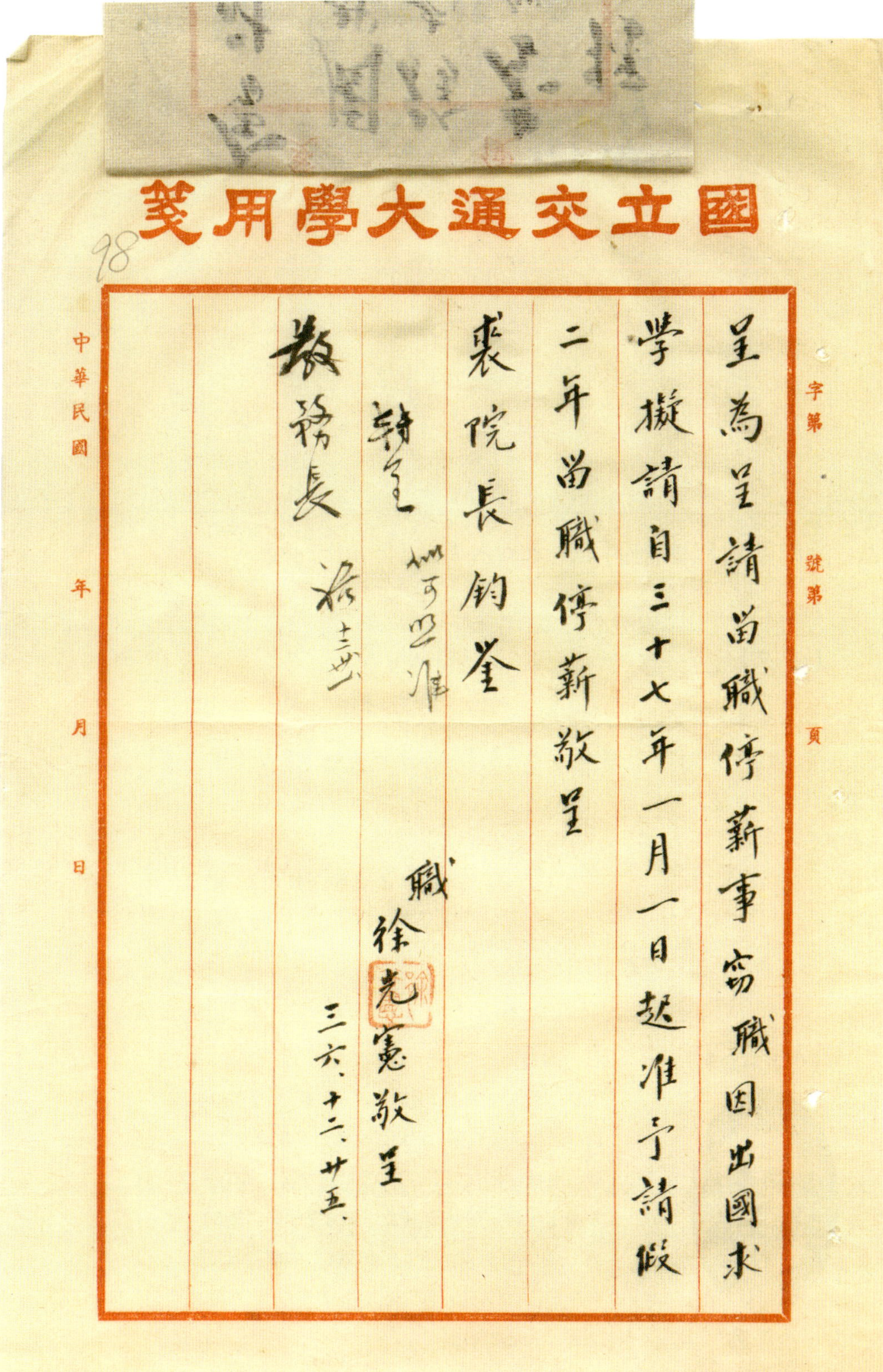

國立交通大學用箋

98

呈為呈請留職停薪事竊職因出國求學擬請自三十七年一月一日起准予請假二年留職停薪敬呈

裘院長鈞鑒

轉呈

如可照准

教務長

孫 十二廿

職 徐光憲 敬呈

三六、十二、廿五、

中華民國　年　月　日

字第　號第　頁

八八 凌鸿勋致程孝刚函（一九四八年四月六日）

【录 文】

叔时校长仁兄大鉴：

本月八日母校校庆，弟以公忙，未克抽暇来沪参加，至为怅结。谨复请台照为荷，即颂

台祉

弟 凌鸿勋（钤印） 谨启

四月六日

（程孝刚批语：归卷。四，十三。）

【作者简介】

凌鸿勋

（1894—1981）

凌鸿勋，字竹铭，广东番禺人，工程学家、教育家。1915年毕业于交通大学土木系，后赴美留学。回国后任京汉铁路工程师，交通大学教授、校长，陇海铁路工程局局长。1932年任粤汉铁路工程局长兼工程师，1945年任交通部常务次长。1950年到台湾。后任台湾大学土木系教授、“中国石油公司”董事长，主持筹建新竹交通大学。著有《中国铁路志》《詹天佑先生年谱》。

交通部用箋

壯時校長仁兄大鑒：本月八日母校校慶，弟以公忙未克抽暇來滬參加，至為悵結。謹復，請台為荷。即頌
台祉

弟凌鴻勛謹啓　四六

歸卷　四.廿二

中華民國　年　月　日

字第　號第　頁

交總庶 37-1-348,600

八九　王蘧常致程孝刚函（一九四八年五月八日）

【录 文】

校长钧鉴：

孔圣学会复会颂辞，已遵命拟就。尚祈教正。专此。敬请

大安

王蘧常　敬启

八日晚

（程孝刚批语：文书组拟复函。）

【作者简介】

王蘧常

（1900—1989）

王蘧常，字瑗仲，浙江嘉兴人，文史学者、书法家。1920 年入无锡国学专修馆，毕业后留校任教。1927 年后历任教于大夏大学、复旦大学、无锡国学专修学校、之江大学、交通大学、暨南大学、无锡中国文学院。1952 年后一直任教于复旦大学。著有《诸子派要诠》《秦史》等。

25

0034

無錫國學專修學校用牋

校長鈞鑒 孔雲學長復會頌辭
已道
命擬就尚祈
教正專此敬請
大安
王蘧常敬啓
八日晚

中華民國 年 月 日

上海北京西路九七〇號 電話六〇三三七

九〇 邹鲁致王之卓函（一九四八年八月十四日）

【录 文】

卓之（之卓）校长先生大鉴：

舍亲朱兆隆，于去夏在贵校先修班肄业。因其父盎声先生调职北平，乃考入北平之辅仁大学化学系一年级。兹以时局关系，朱君合家南迁，兆隆仍欲入贵校肄业。渠在沪在平功课尚优，希赐予通融，准其返校入化学系二年级肄业。素知先生爱护青年，专函奉商，还希尊裁为荷。专此。即颂

教祺

邹鲁 启

八月十四日

（王之卓批语：函复，之卓，八，十六）

【作者简介】

邹 鲁

（1885—1954）

邹鲁，字海滨，广东大埔人，政治家。1905年加入同盟会。1911年参加黄花岗起义。曾参与倒袁和护法运动。1925年参加西山会议。历任国民党中央常务委员、国民政府委员、中山大学校长等职。著有《中国国民党史稿》《邹鲁文存》等。

124

該生學程係已函轉本校四年級
函復
之卓 八十六

卓之校長先生大鑒：舍親朱兆隆於去夏在貴校先修班肄業，因其父書四讚先生調職北平，乃考入北平之輔仁大學化學系一年級。茲以時局關係，朱君合家南遷，兆隆极欲入貴校肄業。渠在滬在平功課尚優，希賜予通融，準其返校入化學係

監察院用箋

125

二年級肄業秦知

先生曾獲青年專函奉商還希

尊裁為荷　專此即頌

教祺

鄒魯啓

一月十四

監察院用箋

九一 沙孟海致王之卓函（一九四八年九月二十日）

【录 文】

之卓吾兄勋鉴：

舍亲张才安，报考贵校电机系，未能入选。据云贵校有试读班，敬请查核其分数准令试读，无任感幸。耑奉，顺颂

公祺

弟 沙孟海 顿首

九月廿日

【作者简介】

沙孟海

（1900—1992）

沙孟海，原名文若，号石荒，浙江鄞县人，书法家、教育家。曾就读于慈溪锦堂学校、浙东第四师范学校。历任浙江大学中文系教授、浙江省博物馆名誉馆长、中国书法家协会副主席、西泠印社社长、西泠书画院院长等职。著有《印学史》《沙孟海论书文集》等。

152

浙江温岭人

之卓吾兄勋鉴：舍亲张才安投考
贵校电机系未能入选，据云
贵校有试读班，敬请
查核其分数，准令试读，无任感幸
端奉，顺颂
公祺
弟沙孟海上
九月廿日

1947.6.30000本

九二 廖世承致王之卓函（一九四八年十月十五日）

【录 文】

之卓吾兄惠鉴：

迳启者，兹以敝校教员须研究各科教学重点起见，拟请吾兄将贵校本年夏季招考新生试题检赐全份，以资参考。相应函达，即请赐寄为荷。耑此。顺颂

教绥

廖世承（钤印） 上

中华民国卅七年拾月拾五日

（王之卓批语：注册组检寄一全份。之卓，十，十七；周美年批语：检附本校卅七学年度入学试题全份。美年，十，十八。）

【作者简介】

廖世承

（1892—1970）

廖世承，字茂如，上海人，教育心理学家。1909 年考入南洋公学。1915 年赴美留学，获布朗大学博士学位。曾任东南大学教育科教授、光华大学教育系主任、中央大学教授，参与创建南京高等师范学校心理实验室。1951 年任华东师范大学副校长。1956 年起，任上海师范学院院长。著有《教育心理学》《中等教育》等。

光華大學附屬中學校

之卓吾兄惠鑒：逕啓者，兹以敝校教
員須研究文科教學重點起見，擬請
吾兄將
貴校本年度季招攷新生試題檢賜全
份，以資參攷，相應函達，即請
賜寄為荷。專此順頌
教綏

廖世承 上

中華民國卅七年拾月拾五日

請冊組檢寄一份

之卓 十、十七

檢附本校卅七學年度入學試題全份

十、十八

37.6.2000

九三 苏元复致王之卓函（一九四八年十月二十三日）

【录 文】

敬启者：

查本系化工机械，战时迭经搬迁搁置，颇多损失。复员后虽屡图整顿，终以经费人手关系迄未得全盘计划动工。本系开创伊始，是项机械暨零件亟待整理、拆装、修建，以资教学应用。除经费一项，另行请拨外，人事方面现有员工，既属不敷分配，且尚有本学期工业化学诸科工业分析实验，以及下学期化工计算、化工原理等，均系助教襄理担任。现拟暂先聘请本届本校毕业生江建权君专事负责整理，并配属各科试卷实验，该员对于此项工作颇为合宜。此外，并拟请赐拨技工一名协助整理。为特呈请鉴核赐准，转呈校座核给聘书，增拨技工，以凭转发，俾资着手整理，实为公便。谨呈院长王。

化学工程系主任苏元复（钤印）呈

十月二十三日

江建权　整理化工机械；

工业化学、纤维化学题目试卷，相当于三学分；

工业分析实验，三小时，二学分。

【作者简介】

苏元复

（1910—1991）

苏元复，字滢平，浙江海宁人，化学家、教育家，中国科学院学部委员。浙江大学化学工程系毕业，1937年获英国曼彻斯特大学硕士学位。历任浙江大学、交通大学、华东化工学院教授。曾当选为第三届全国人大代表，第五、六届全国政协委员。著有《化工算图集》《化工原理》等。

於此項工作頗為合宜此外并擬請
賜撥技工一名協助整理為特呈請
鑒核賜准轉呈
校座核給聘書增撥技工以憑聘發俾資着手整理實
為公便謹呈
院長王

化學工程系主任蘇元復（印）呈
十月二十三日

江建權　整理化工機械
工業化學微性化學題目試卷相當於三學分
工業分析實驗　三小時　二學分

國立交通大學用箋

37.8.10,000

敬啓者查本系化工機械戰時迭經搬遷擱置頗多
損失復員後雖屢圖整頓終以經費人手關係迄未
得全盤計劃動工本系開創伊始是項機械暨零件亟
待整理拆裝修建以資教學應用除經費一項另行請
撥外人事方面現有員工既屬不敷分配且尚有本学期
工業化学諸科工業分析實驗以及下学期化工計算化工原理等
均乏助教襄理擔任現擬暫先聘請本屆本校畢業生江
建權君專事負責整理並配屬各科試卷實驗諸負對

國立交通大學用箋

37.8.10,000

九四 周同庆致曹鹤荪函（一九四八年十二月三十日）

【录 文】

敬启者：

我国物理学权威吴有训先生，新自美返国，稽留沪上，拟请聘为物理系教授，来校讲学，藉增我校学术空气，促进研究工作。敬请裁夺为荷，此上曹教授（务）长转呈王校长。

周同庆（钤印）上

（王之卓批语：聘为专任教授，底薪680元，自十二月份起薪。之卓，十二，廿。另有批语：孟先生办，十二·廿；聘书已发。十二，廿一；已另办通知。十二，廿一。）

【作者简介】

周同庆

（1907—1989）

周同庆，江苏昆山人，物理学家、中国科学院学部委员。1929年毕业于清华大学，后赴美国普林斯顿大学研究院学习，获博士学位。1933年回国，曾任北京大学、中央大学和交通大学教授。新中国成立后，历任复旦大学物理系教授、上海市物理学会理事长。第三届全国人大代表。曾完成国内第一个X光管的研制任务。著有《受控热核反应》（合著）等。

國立交通大學用箋

第　　號

敬啟者　我國物理學權威吳有訓先生
新自美返國　稽留滬上　擬請聘為
物理系教授　來校講學　藉增我校學
術空氣　促進研究工作　敬請
裁奪為荷　此上
曹教務長　轉呈
王校長

周同慶　上

聘書已發　[illegible]

已另函通知　[illegible]

[illegible]

聘為專任教授　底薪680元　自十二月份起薪

[illegible]　十二卅

37. 9. 5000. S. C.

九五　王之卓致交通大学诸同仁函（一九四九年五月二十四日）

【录　文】

迩来之卓因身体虚弱请假，校务商请校务会议教授首席代表陈石英先生、教务长曹鹤荪先生、总务长王龙甫先生、理学院院长周同庆先生、工学院院长王达时先生等五位，共同维持主持一切，并请由陈石英先生为召集人。此致诸同仁。

王之卓（钤印）　敬启

五月廿四日

【作者简介】

王之卓
（1909—1996）

王之卓，河北丰润人，航空摄影测量与遥感专家，中国科学院学部委员。1932 年毕业于交通大学，1934 年留学英、德两国，获博士学位。曾任中山大学土木工程系教授、交通大学工学院院长、校长、武汉测绘科技大学教授、名誉校长。著有《航空摄影测量学》(合)、《测量平差法》《大地测量学》等。

邇來之卓因身体虛弱請假，校務商請校務會議教授首席代表陳石英先生、教務長曹鶴蓀先生、總務長王龍甫先生、理學院院長周同慶先生、工學院院長王達時先生等五位共同維持主持一切，並請由陳石英先生為召集人。此致

諸同仁

王之卓敬啟
五月廿四日

九六 朱物华致交大教务处函（一九四九年八月二十五日）

【录 文】

迳启者：

顷接机械系来函，以该系李泰云教授为符合本校专任教授不能在外兼任专职之规定，已将专任教授之聘书退回。嘱转请校方改聘为该系兼任教授，并附李泰云先生原聘书乙件等由，相应检同原件，送请查照办理为荷。此致教务处。

朱物华

八月廿五日

附李泰云教授原聘书一件

（批语：退回聘书另存。十、廿八。）

【作者简介】

朱物华

（1902—1998）

朱物华，江苏扬州人，电子学家、中国科学院院士。1923年毕业于交通大学，后赴美留学。1924年获麻省理工学院硕士学位，1926年获哈佛大学博士学位。回国后曾任中山大学、唐山交通大学、北京大学、交通大学教授。1949年后，曾任交通大学教授、工学院院长，哈尔滨工业大学教授、副校长等。晚年任上海交通大学校长。著有《无线电理论基础》等。

逕啓者頃接機械系來函以該系李春雲教授為符合本校專任教授不能在外兼任專職之規定已將專任教授之聘書退回囑轉請 校方改聘為該系兼任教授並附李春雲先生原聘書乙件等由相應檢同原件送請

查照辦理為荷 此致

教務處

附李春雲教授原聘書一件

朱物華 八、廿

國立交通大學

退回聘書另存

大[illegible]

九七 陈毅致吴有训函（一九五〇年五月七日）

【录 文】

有训先生：

承嘱题字，兹照办，不知合格否？最好不用，另请人写。多年不写毛笔字，提笔时不胜惶恐。即颂

教安

弟 陈毅（钤印） 顿首

五月七日

【作者简介】

陈 毅

（1901—1972）

陈毅，字仲弘，四川乐至人，无产阶级革命家、军事家、外交家。1919 年赴法国勤工俭学，1927 年参加南昌起义，曾任中国工农红军第四师师长、新四军第一支队司令员、代军长、军长，第三野战军司令员兼政委等职。新中国成立后，曾任华东军区司令员、上海市市长、中央军委副主席、国务院副总理兼外交部长等职。1955 年被授予中华人民共和国元帅军衔。著有《陈毅军事文选》《陈毅诗词选集》。

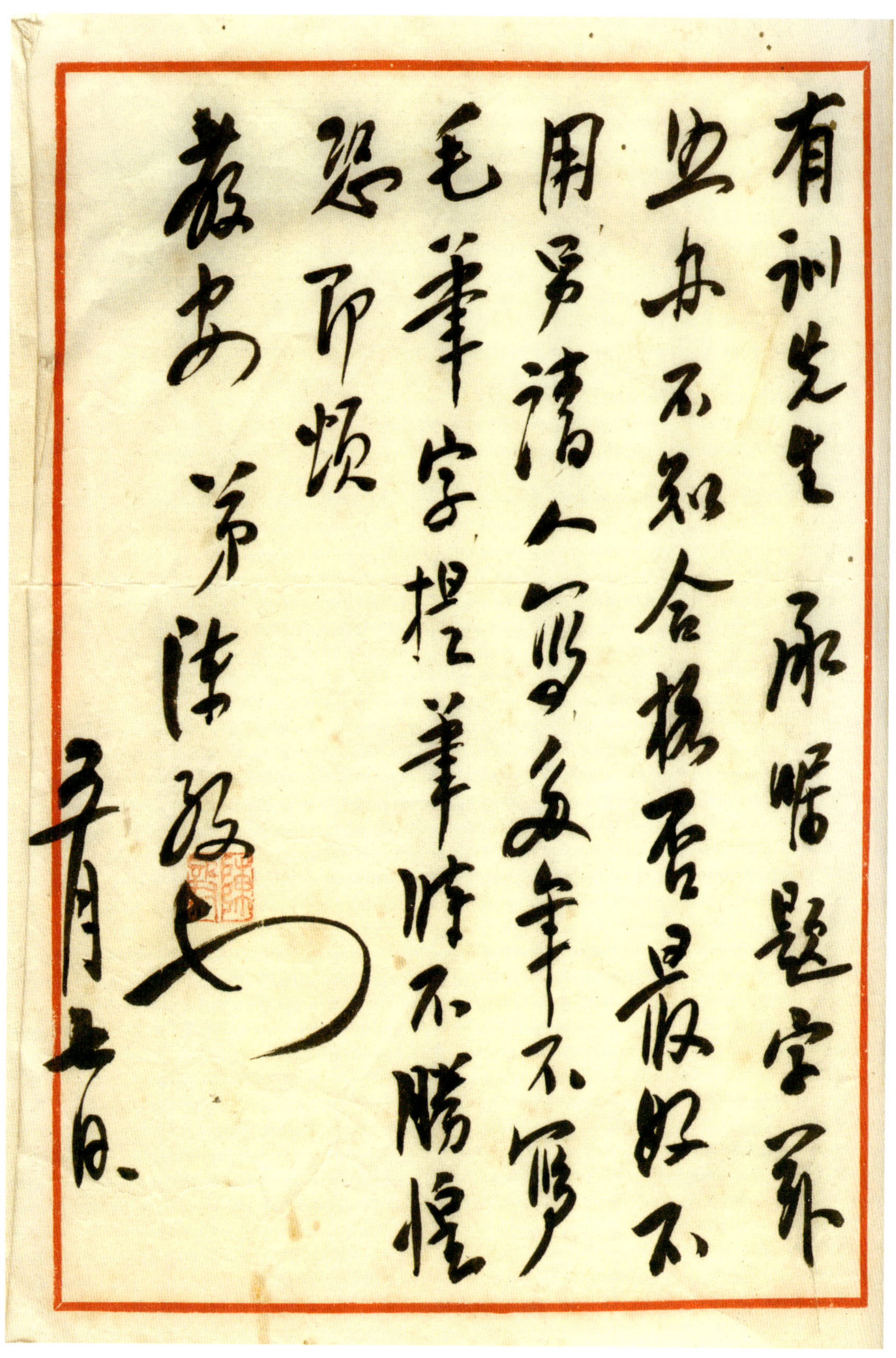
有訓先生：

承囑題字，茲上，再不知合格否，最好不用，另請人寫。多年不寫毛筆字，提筆時不勝惶恐，即頌

教安

弟陳毅

五月廿七日

九八 彭康致苏中友好协会分会函 （一九五九年三月）

【录 文】

莫斯科动力学院苏中友好协会分会：

高兴地接到了你们的来信。我校上海部分与莫斯科动力学院性质相近似的教研组，尤其是曾经莫斯科动力学院的专家指导已取得一些成果的教研组，更是热烈赞同与莫斯科动力学院的教研组建立直接的联系，交换教学和科学方面的情报、资料，并请教疑难的问题。

我校此刻正在进行修订教学、科研、生产劳动三结合的教学计划、教学大纲，以及与此相适应的新编教材，预计教学计划和教学大纲的修订工作尚需四—五个月才能完成，教材的编写工作争取在十月一日前完成一部分。上述教学计划和教学大纲修订完成后，将函寄前来请提指正的意见。《交大学报》和《交大教学与科研》已出版的均已先后寄上，此次不再检附。

我校上海部分有以下教研组希望与莫斯科动力学院相应的教研组建立直接联系，这些教研组有的现在进行一些科研工作，这里只作项目的介绍，详细的情况由教研组直接详报，并进行具体建设。

1. 发轮配高压教研组：现在开展动态模拟制造。

2. 电器教研组：现已完成 330kg，10000MGA 少油式断路器的初步设计。以后还预备进行更高电压的少油断路器的设计。

3. 电气绝缘教研组：曾经曼特罗夫专家讲学并指导建立实验室。

4. 船舶涡轮机教研组：与莫斯科动力学院蒸汽涡轮和□□涡轮教研组□□□。

感谢你们的崇高友谊，建议我校教研组与莫斯科动力学院教研组建立直接联系，并承先函对中国莫斯科动力学院科研成果的介绍，这将使我校在教学与科研方面获得莫大的教益。

交通大学校长彭

交通大学（上海部分） 1959.3

【作者简介】

彭 康

（1901—1968）

彭康，原名彭坚，又名彭嘉生，江西萍乡人，马克思主义哲学家、革命家、教育家。早年留学日本。1927 年回国，是创造社重要成员。历任中共安徽工委书记、鄂豫皖区党委宣传部长、华中建设大学校长、华东党校副校长等职。新中国成立后，曾任中共中央山东分局宣传部长，交通大学党委书记、校长，西安交通大学党委书记、校长等职。译有《费尔巴哈论》《马克思主义的根本问题》等。

06 20

高等教育出版社专用稿纸

莫斯科动力学院苏中友好协会分会：

高兴地接到了你们的来信。我校上海部分与莫斯科动力学院性质相近似的教研组，尤其是曾经莫斯科动力学院的专家指导已取得一定成果的教研组，更是热烈赞同与莫斯科动力学院的教研组建立直接的联系，交换教学和科学方面的情报、资料，并请教疑难的问题。~~同时已将来函抄给我校西安部分。~~

我校此刻正在进行修订教学、科研、生产劳动三结合的教学计划、教学大纲，以及与此相适应的新编教材，预计教学计划和教学大纲的修订工作尚需四—五个月才能完成，教材的编写工作争取在十月一日前完成一部分。上述教学计划和教学大纲修订完成后，将另寄贵会请提指正的意见。「交大学报」和「交大教学与科研」已出版的均已先后寄上，此次不再检附。

我校上海部分有以下教研组希望与莫斯科动力学院的相应教研组建立直接联系，这些教研组目前正在进行一些科研工作，这里只作项目的介绍，详细的情况由教研组直接详报，并希望对其提出建议。~~在建立联系后请互相交流方面的资料。~~

~~要求建立联系的教研组如下~~：

1. 发电配高压教研组：现在开展动态模拟制造。

2. 电器教研组：现已完成330KB，10000MBA少油式断路器的初步设计。以后还预备进行更高电压的少油断路器的设计。

3. 电气绝缘教研组：~~曾经曼特罗夫专家协助并指导建立实验室。~~

~~4. 船舶涡轮机教研组：与莫斯科动力学院蒸汽涡轮[illegible]研组的业务密切有关。~~

感谢你们的崇高友谊，建议我校教研组与莫斯科动力学院教研组建立直接联系，~~并希望寄给我国广播莫斯科动力学院科研成果的介绍~~，这将使我校在教学与科研方面获得莫大的教益。

交通大学校长 彭

交通大学（上海部分）复 1959.3.

27×30=810

九九 宋庆龄致黎照寰函（英文）（一九六三年十月十日）

【录 文】

Dear Dr. Ly:

I hope that you have received my letter saying that I have replied to 黄梦熊 and the letter he sent via you.

It is a splendid piece of news that you are not in hospital now and are enjoying home and surroundings. I hope to see you and Dorothy here when the congress convenes. My departure for Ceylon will be discussed and settled by the Chairman. Owing to increased activities during the 国庆节 . My old trouble has returned, which is very annoying besides the other affliction 关节炎 ,which never leaves me. I am already bundled up with yarn and 棉袄 around me. I hope to see you and Dorothy soon. Meantime send you my affectionate wishes.

As ever,

SCL

【作者简介】

宋庆龄

（1893—1981）

宋庆龄，原籍广东文昌，生于上海，爱国主义、民主主义、国际主义和共产主义战士。1913 年毕业于美国威斯里安女子学院。青年时代追随孙中山，献身革命，为中国人民的解放事业，为妇女儿童的卫生保健和文化教育福利事业做出重要贡献。曾任中央人民政府副主席、全国人大常委会副委员长、中华人民共和国副主席等职。

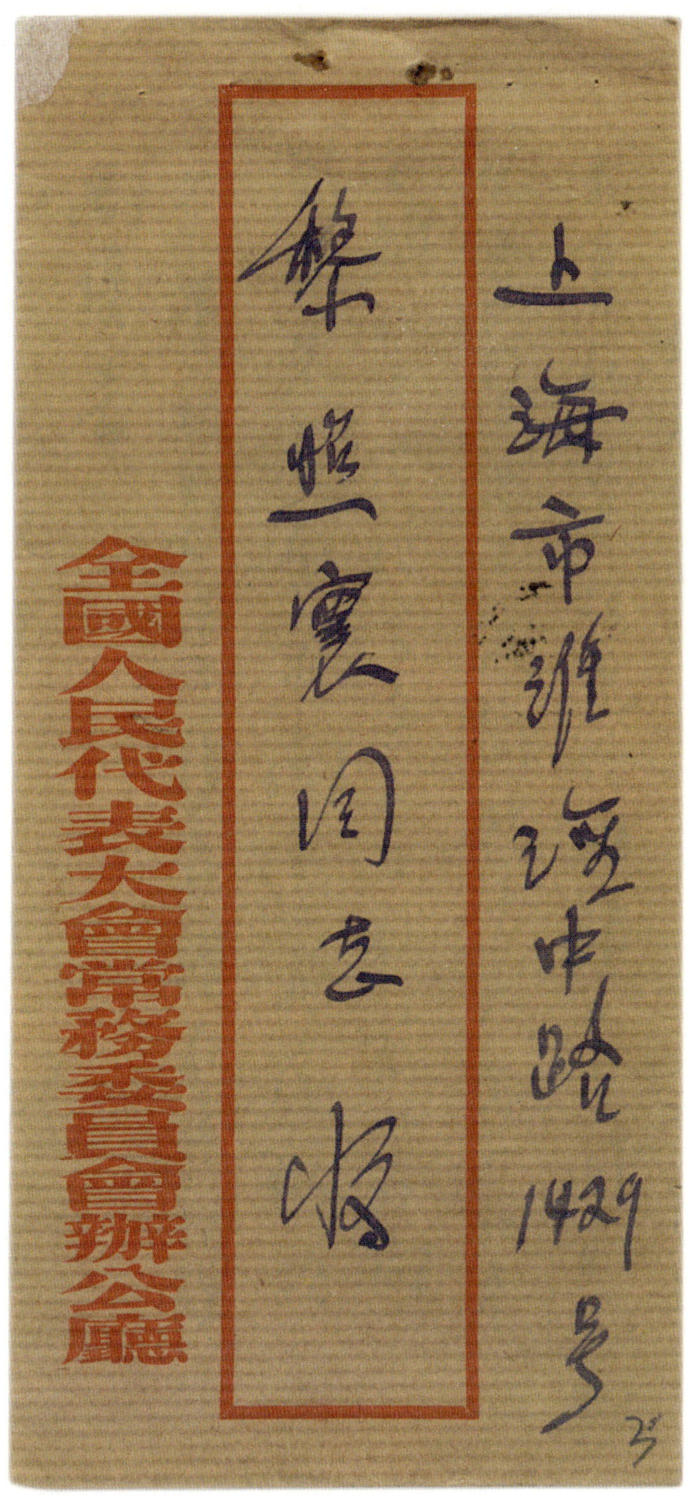
上海市淮海中路1429号
黎照寰同志收
全國人民代表大會常務委員會辦公廳

31.

中国福利會

Oct 10th

Dear Dr Ly:

I hope that you have received my letter saying that I have replied to 黄警然 and the letter he sent via you.

It is a splendid piece of news that you are not in hospital now and are enjoying home and surroundings. I hope to see you and Dorothy here when the congress convenes. My departure for Ceylon will

中国福利會

be discussed & settled by the chairman. Owing to increased activities during the 国庆节, my old trouble has returned, which is very annoying besides the other affliction 带疹, which never leaves me. I am already bundled up with yarn and 棉襖 around me. I hope to see you & Dorothy soon. Meantime send you my affectionate wishes

as ever, SCL

2

一〇〇 陆定一致邓旭初等函（一九八五年六月二十六日）

【录 文】

旭初同志并朱麟五教授治丧委员会：

接讣告，惊悉朱教授逝世。不久以前，他还写来信。相期再遇，已不可能。请代我向其家属致唁，并在其灵前以我个人名义放一花圈，以示哀悼。敬祝

健康

陆定一（钤印）

一九八五年六月二十六日

【作者简介】

陆定一

（1906—1996）

陆定一，江苏无锡人，无产阶级革命家。1922 年毕业于交通大学附属中学，1926 年毕业于交通大学电机科，同年加入中国共产党。曾任共青团中央宣传部长、红军总政治部宣传部部长、《解放日报》总编辑等职。新中国成立后，曾任中共中央宣传部部长、国务院副总理、中央书记处书记、文化部部长、全国政协副主席、中央顾问委员会常务委员等职。著有《陆定一文集》。

11-2

旭初同志并朱麟五教授治丧委员会：

接讣告，惊悉朱教授逝世。不久以前，他还写来信。相期再遇，已不可能。请代我向其家属致唁，并在其灵前以我个人名义放一花圈，以示哀悼。

敬祝

健康

陆定一

一九八五、六、二六

陆定一

后　记

纵观古今中外，一所名校的铸就总是与那些名师、名家、名人相结缘，校因人显，人以校名，相得益彰。作为一所跨越百年的巍巍学府，上海交通大学在历史长河的奔流前行中，曾与无数中外近现代历史名人相遇、相识、相交。他们对交大或精心呵护，或激励督勉，或求助解困，并通过一封封有细节、有温度、有韵味的笔墨书札来讲述自己与交大的故事。

上海交通大学档案馆（党史校史研究室）（现更名为上海交通大学档案文博管理中心）自 1986 年建馆起，就注重收藏历史名人的手札和题词。经过三十余年的沉淀积累，名人手札已成为馆藏重要特色之一，完整地保存着数千通近现代名人手札，涵盖科技、文学、艺术诸多领域，其中不乏泰斗级人物。此书亦缘起于此，2018 年 6 月至 9 月，档案馆从馆藏数千书信中撷出近现代名人与交大往来的手札精华 26 通，举办“笺之语——上海交通大学收藏名人手札撷英展”，引起社会强烈反响，央视新闻、《解放日报》等争相报道。

展览结束后，档案馆决定对馆藏手札予以系统发掘整理。2019 年 2 月由欧七斤、许雯倩、周小燕、何嘉玲、杨莉莉、李娟、陈惟、胡端、朱恺等档案校史人员共同组成项目工作组，制定选录范围、入选原则、基本体例和工作步骤。3 月，酝酿大纲，搜索整理，地毯式查阅馆藏 2 000 余卷历史档案与名人资料，整理出 1 600 余通近现代人物手札。5 月，根据手札作者的知名度、内容价值、品相等原则，初步筛选出 300 余通；后衡量再三，精选其中的 100 通，尝试作为馆藏名人手札真迹的第一辑，先行予以成书出版。7 月至 10 月，项目组对每一通手札进行识文断句、考订辨析。同时，撰写作者小传，采集其照片汇编成书。11 月初稿形成后，项目组成员反复校核，几经修订。成书后又经本书编辑委员会认真审订后定稿。

本书收录手札作者涵盖社会名流、大师学者以及各领域先驱人物。主要有“国学大师”唐文治、“状元实业家”张謇、“民国教育之父”蔡元培、近代气象学奠基人竺可桢、“海上闻人”杜月笙、“七君子”之一沈钧儒、“布衣将军”冯玉祥、“中国人口学第一人”马寅初、“和平老人”邵力子、“中国导弹之父”钱学森、无产阶级革命家陆定一等。出版此书不仅使这些珍贵手稿装帧成册保存于世、传之后人，更是档案资源共享的有效尝试,为社会各界人士研究史实与历史人物提供了真实可靠的素材。这些出自历代交大学人、社会名流、各界贤达的手迹文献和艺术价值极高，既是研究名人的重要文史资料，又是名副其实的书法艺术作品，极具管中窥豹的文史价值和赏心悦目的艺术价值。

本书在筹划、编撰和出版过程中，得到了陈业新、张现民、钱益民、段炼、彭晓亮、金富军、张淑锵、杨永琪等校内外专家的指导与帮助，也得到了上海图书馆、清华大学、浙江大学、西南交通大学、无锡第三高级中学等单位提供部分手札作者照片的鼎力支持。上海交通大学出版社吴雪梅老师为本书的编辑出版付出了辛勤劳动。在此一并致谢!

由于编撰者水平有限，编撰时间有限，书中内容难免错讹，敬请读者批评指正。

本书项目组
2021 年 3 月